I0248786

# ATRÉVETE, ¡CREA TU ÉXITO!

**CRISTÓBAL PÉREZ BERNAL**

# ATRÉVETE, ¡CREA TU ÉXITO!

**Todo lo que deseas ya está dentro de ti.
Claves para crear tu propia fuente de ingresos**

Nota a los lectores: Esta publicación contiene las opiniones e ideas de su autor. Su intención es ofrecer material útil e informativo sobre el tema tratado. Las estrategias señaladas en este libro pueden no ser apropiadas para todos los individuos y no se garantiza que produzca ningún resultado en particular. Este libro se vende bajo el supuesto de que ni el autor, ni el editor, ni la imprenta se dedican a prestar asesoría o servicios profesionales legales, financieros, de contaduría, psicología u otros. El lector deberá consultar a un profesional capacitado antes de adoptar las sugerencias de este, la integridad de la información o referencias incluidas aquí. Tanto el autor, como el editor, la imprenta y todas las partes implicadas en el diseño de portada y distribución, niegan específicamente cualquier responsabilidad por obligaciones, pérdidas o riesgos, personales o de otro tipo, en que se incurra como consecuencia, directa o indirecta, del uso y aplicación de cualquier contenido del libro.

Este libro no podrá ser reproducido, ni total ni parcialmente, sin previo permiso escrito del autor. Todos los derechos reservados.

Título: *Atrévete, ¡Crea tu éxito!*
© 2019, Cristóbal Pérez Bernal

Autoedición y Diseño: 2019, Cristóbal Pérez Bernal

Primera edición: julio de 2019
ISBN-13: 9-788409-138579
Depósito legal: 31687448A

www.cristobalperez.es
www.latrilogiadelexito.com

La publicación de esta obra puede estar sujeta a futuras correcciones y ampliaciones por parte del autor, así como son de su responsabilidad las opiniones que en ella se exponen.

Quedan prohibidas, dentro de los límites establecidos por la ley y bajo las prevenciones legalmente previstas, la reproducción total o parcial de esta obra por cualquier medio o procedimiento, ya sea electrónico o mecánico, el tratamiento informático, el alquiler o cualquier forma de cesión de la obra sin autorización escrita de los titulares de copyright

*Un plan es un puente hacia tus sueños.
Tu trabajo es hacer el plan o el puente real.
Solo así lograrás alcanzar todas tus metas.
Si todo lo que haces es quedarte sentado,
soñando con lo que podría ser, tus sueños
serán solo sueños para siempre.*

Robert Kiyosaki

*El éxito deja huellas, y otros las dejaron para ti...*

"Un día despertarás y descubrirás que no tienes más tiempo para hacer lo que soñabas. El momento es ahora. Actúa".

Paulo Coelho

"CUANDO QUIERES EMPRENDER ALGO, HABRÁ MUCHA GENTE QUE TE DIRÁ QUE NO LO HAGAS, CUANDO VEAN QUE NO TE PUEDEN DETENER, TE DIRÁN CÓMO LO TIENES QUE HACER, Y CUANDO FINALMENTE VEAN QUE LO HAS LOGRADO, DIRÁN QUE SIEMPRE CREYERON EN TI".

John C. Maxwell

"Para obtener el éxito verdadero hágase estas cuatro preguntas:
¿Por qué?, ¿Por qué no?, ¿Por qué no yo?, ¿Por qué no ahora?"

James Allen

"DENTRO DE VEINTE AÑOS ESTARÁS MÁS DECEPCIONADO POR LO QUE NO HICISTE QUE POR LO QUE HICISTE. ASÍ QUE SUELTA LAS AMARRAS, NAVEGA Y ALÉJATE DEL PUERTO SEGURO. ATRAPA LOS VIENTOS ALISIOS EN TUS VELAS. EXPLORA. SUEÑA. DESCUBRE".

Mark Twain

# *El final...*

Siempre estuvo ahí, lo supe en todo momento, sabía que algún día vendría, llamaría a mi puerta y, juntos, nos marcharíamos para siempre.

Me había robado ya mucho, así que no sería difícil permitirle que se llevara el resto, sobre todo cuando lo que me quedaba por hacer ya estaba terminado, cuando había conseguido cerrar el círculo, cuando la misión que durante años me animó a seguir ya había sido cumplida.

Ahora solo me queda partir y sé que lo hago en el momento justo y hacia el lugar indicado...

*Dos años antes…*

## CAPÍTULO 1

## *Una vida comienza...*

*"Culpar es siempre una pérdida de tiempo. Sin importar cuántas fallas encuentre en el otro, por más que lo culpe, eso no lo cambiará a usted".*

**Wayne Dyer**

Tía Lui no paraba de sorprenderme, unos meses atrás sería lo último que hubiera imaginado hacer. Nadie podría haberme convencido de que, en tan breve espacio de tiempo, me encontraría en la otra punta del planeta, en mi casa, recibiendo un curso de fotografía artística junto a más de veinte chavales a los que duplicaba la edad. Y lo más sorprendente, no tenía otra cosa mejor que hacer... Dejé en Estados Unidos el estrés laboral, la angustia por no encontrar sentido a mi vida, el vacío que me producía la soledad.

Había descubierto en la fotografía artística mi otra pasión. Alternaba mis horas de dibujo con las de retoque fotográfico, y ambas pasiones se complementaban de tal forma que aquellas instantáneas que me resultaban inspiradoras me animaban a dibujarlas y crear lienzos que, en ocasiones, llegaban a ser más reales incluso que las imágenes en las que se basaban.

Tía Lui y Rosa no paraban de animarme a que organizara una exposición con mis obras, pero había descubierto que, aunque me gustaba dibujar, realmente mi pasión por crear no se fundamentaba en la venta, sino en el puro acto de pintar y disfrutar del proceso de creación.

En cambio, sí me encantaba ayudar a otros a pintar y dominar algunas de las técnicas que yo aplicaba y que, en ocasiones, aprendí simplemente por deducción o inspiración, hasta que más tarde las descubrí de la mano de otros compañeros más instruidos y profesionales, pero no tan autodidactas como yo.

Aprovechaba las tardes de taller para quedarme un rato más y así ayudar a algunos de los jóvenes a mejorar sus retoques fotográficos, aplicando las técnicas que tanto había utilizado en el *marketing* digital, y a otros a los que, como yo, también les gustaba la pintura, les instruía en las técnicas básicas, ayudándoles a crear sus pequeñas obras maestras.

Disfrutaba aún más de este rato tras las clases que en las propias formaciones de Tía Lui.

Una de esas tardes de taller, al concluir, Ángel llegó mientras yo explicaba algunos conceptos a un par de compañeros. Estos me habían pedido ayuda, ya que desde una de sus asignaturas del instituto les habían pedido la creación de una campaña de *marketing* de su proyecto de empresa.

Hacía aproximadamente dos semanas que no veía a mi hermano, por lo que me alegró volver a verle. Desde el reencuentro con mi familia había vivido por un pequeño periodo de tiempo en casa de mis padres junto a él y a Tía Lui, pero cuando Ángel volvió a marcharse por motivos de trabajo me mudé a casa de Rosa, que me permitió compartir con ella su maravilloso ático a orillas del Mediterráneo y, lo más importante, su amor.

—¡Toni! ¿Qué tal, hermano? ¿Cómo llevas las clases? ¿Aprendes más con Tía Lui o enseñando a los chicos todo lo que sabes? —Su energía y optimismo llenaban la sala cada vez que aparecía en escena, era increíble cómo influía positivamente en todos. Por suerte, cada vez más esta forma de actuar, esta forma de SER, estaba calando tan hondo en mí que eran muchas las ocasiones en las que me sorprendían mis respuestas y mis acciones ante determinadas situaciones en esta misma línea. La influencia tan positiva que me ofrecía él y Robert, principalmente, habían cambiado mi ser en un breve espacio de tiempo. Mi vida era otra, ya no era yo. Algunas mañanas al repetir mis afirmaciones frente al espejo me asustaba mirando al pasado, recordando lo que fui, lo que fue de aquel Toni de hacía tan solo unos meses.

Ángel saludó a algunos de los jóvenes que ya conocía y se presentó a los que no llevaban mucho tiempo en la casa y no había visto antes. No tardamos en quedarnos solos tras resolver las pequeñas dudas y dar algún que otro consejo muy básico para mí, pero esclarecedor para ellos.

—Genial, profesor Toni —afirmó Ángel riendo y acercándose a mí para darme un abrazo—. ¡Cuánto me alegro, estás ayudando mucho a esos jóvenes!

—No es difícil, dominan muy poco estos programas… pero ellos a mí también me ayudan, es increíble, pero es así. Al hablar con ellos me siento útil y hasta más joven, su simple agradecimiento me llena de alegría y orgullo.

—Eso es contribución y servicio, hermano, uno de los valores más fuertes a los que puede aspirar el ser humano, y tú lo tienes arraigado en lo más profundo de ti, por eso disfrutas tanto.

—Puede ser… qué alegría que estés aquí por fin, Ángel, te he echado de menos.

—He hecho lo posible por cumplir con los plazos en el proyecto y por fin lo he podido terminar, será ahora el equipo de Rosa quien tenga que continuar con la puesta en marcha y el seguimiento. Yo por suerte he podido planificar un mes para estar aquí en casa y acompañarte, tenemos mucho que recuperar, ¿no crees?

—¡Qué bien, hermano! ¡Cuánto me alegro! Ya le he dicho a Rosa que, si tiene que desplazarse allí en algún momento, cuente conmigo, me encanta Argentina —comenté entusiasmado.

—Sí, tendrá que ir, al menos en dos ocasiones. Serán seis meses de trabajo lo que tenemos previsto, y ya Tía Lui también se ha animado a acompañarla, no sé cuántas veces habrá estado allí ya, pero le ocurre como a mí, en cada ocasión descubres algo nuevo y sorprendente de ese inmenso país.

—Pues sí, a mí me encantó y solo estuve en Buenos Aires y Santa Fe. Allí aprendí a cuidarme de salir de fiesta en lugares que desconocía. Estuvimos secuestrados por unas horas Nick, dos amigos más y yo.

—¿Cómo? Cuéntame qué pasó, ¿te secuestraron de verdad? —Ángel no daba crédito, por suerte no llegó a conocer al Toni de hacía diez años, aquel que pensaba que el mundo era suyo, que la vida giraba alrededor de su ombligo y seguiría siendo así siempre, hiciera lo que hiciera, fuera lo que fuera, sin darse cuenta de que cosas como esas no eran más que señales, susurros, que la vida te va lanzando antes de enviarte el estallido que te hace despertar…

—Salimos una noche de fiesta como tantas otras, pero en una ciudad totalmente desconocida. Salimos Nick, Leo y Walter, dos de nuestros diseñadores, y yo. Como siempre íbamos convencidos de que ciertas costumbres no cambian prácticamente en ninguna ciudad moderna del mundo y nos dejamos aconsejar por uno de los camareros del hotel que, muy amablemente mientras esperábamos al taxi, nos recomendó un *pub* de lujo en el centro de la ciudad.

»Cuando llegamos nos dimos cuenta de que no era lo que buscábamos, ya que parecía un local de alterne más que un *pub* tradicional. Las chicas iban muy ligeras de ropa y realmente eran camareras contratadas para acompañarnos mientras bebíamos y conversábamos. Decidimos no acabar ni la primera copa y marcharnos, y ahí empezaron nuestros problemas.

»Nos cobraban casi cien dólares por copa, lo que nos pareció desproporcionado y nos negamos a pagar. La solución que nos ofrecieron era bajar a la oficina del gerente y exponerle nuestras quejas.

»Curiosamente la oficina no era más que un reservado, un pequeño salón donde unos tipos trajeados nos esperaban sentados frente a unas copas.

—Pasad, sentaos, ¿queréis tomar algo? —Se trataba de una pequeña sala elegantemente adornada.

—No, solo queremos pagar lo consumido y marcharnos, ¡solo eso! Y a un precio razonable, no esa locura que intentan cobrarnos. —Nick les habló en un tono convincente e incluso algo agresivo, pero no sirvió de nada.

—Pero, ¿qué ha ocurrido? ¿Hay algo que no les haya gustado?

—No, simplemente que no es lo que buscamos y cien dólares por copa es un robo.

—Pues esto les va a salir aún más caro, un reservado como este serán quinientos dólares más.

»Y diciendo esto sacó un revólver y lo colocó en la mesa junto a su copa al tiempo que otro se levantaba y cerraba la puerta bloqueándonos la salida.

—¿Quieren tomar algo ahora? Las chicas están incluidas y el gasto ya lo han hecho.

—¡No! —gritamos Nick y yo al mismo tiempo. Fui yo el que continué amenazando ingenuamente—: Dejadnos salir, somos españoles y tenemos mucha influencia en la embajada, esto os va a salir muy caro.

—Pues sí, probablemente podáis informaros aquí mismo, arriba o en la sala de al lado, el embajador es un buen cliente nuestro. —El tipo nos respondió muy tranquilamente, mientras acariciaba el arma apoyada en la mesa.

—Toni, es mejor que lo paguemos, ¿no crees? —Leo comenzó a hablar entrecortado y su rostro mostraba el pánico que aquella situación le suponía.

—No tenemos ese dinero aquí, aunque quisiera. Dejadnos salir, esto es un secuestro, ¿saben lo que están haciendo? —Ellos lo sabían perfectamente, éramos nosotros los que no sabíamos hasta dónde puede llegar la gente por dinero.

—¡Págales Nick, pagadles por favor! —Leo comenzó a gritar asustado, al tiempo que se desabrochaba la camisa. El pánico se había apoderado de él y lo estaba transformando. Me acerqué para tranquilizarlo, lo senté junto a mí en una de las sillas y, mientras Nick seguía gritando y negociando nuestra salida, le pedí a Leo que gritara más, que fingiera un ataque de pánico aún más intenso, y así lo hizo.

»En un momento, la sala se convirtió en una jaula de grillos, Nick no paraba de quejarse, en castellano e incluso en inglés, la lengua que solía usar cuando bebía o se alteraba demasiado. Yo les gritaba que nos llevaran al hotel y, mientras, Leo, socorrido por Walter, fingía que se asfixiaba en el suelo o eso pensaba yo.

»Finalmente, apuntado por un arma, Nick guardó silencio y mi voz pudo ser comprendida por los matones.

—¡En el hotel tengo dinero, llevadnos y allí os podré pagar! Aquí solo tenemos quinientos dólares, soy yo el que traigo el dinero, de verdad. Llevadnos al hotel y os pagaré todo, hacedlo por él. ¡Fijaos, es asmático y le va a dar un infarto si no salimos ya!

»Me hicieron caso. Cuando nos tranquilizamos y Leo se recuperó un poco, nos montaron en un coche y nos llevaron de regreso al hotel con la condición de que solo yo bajara del vehículo para traer el dinero.

»Al detenernos, poco antes de llegar al hotel, no sé por qué lo hice, qué fue lo que me empujó a poner en juego mi vida y la de mis amigos, pero al bajar, lleno de miedo e ira, comencé a gritar, a pedir ayuda en la puerta del hotel, y esto llevó a Nick y a los demás a salir corriendo por una y otra puerta del coche, y gritar al igual que yo...

»No hubo disparos, como por un momento esperé, solo huyeron, condujeron a toda velocidad perdiéndose por las calles de Buenos Aires.

»Los empleados del hotel nos atendieron y decidimos no llamar a la policía, sobre todo al descubrir que incluso el camarero que nos aconsejó visitar aquel local realmente no trabajaba en el hotel, sino que, como había sucedido en otras ocasiones, era alguien que, disfrazado, se dedicaba a ofrecer ese tipo de locales a los clientes de nuestro perfil, "valientes y adinerados", que se atrevían a salir de marcha a altas horas de la noche.

—Bueno, al menos aprendiste algo de esa experiencia, ¿no? —Ángel me preguntaba con excesiva seguridad, sin recordar que su hermano, en aquel momento, era un alma descarriada.

—No mucho, años después sufrí una situación aún más complicada en Nueva York, ya sabes.

—¡Verdad! No me lo recuerdes. —Y entre risas continuó—: Ni te imaginas la experiencia de hablar de tú a tú con esos matones, teniendo de guardaespaldas a Robert, ya te lo contaré con más calma, lo pasó mal.

—Sí, algo me contó Rosa. Por cierto, hemos quedado para cenar con Tía Lui en La masía, nos acompañarás, ¿verdad?

—Sí, claro, he venido para quedarme, vamos y te cuento.

## CAPÍTULO 2

## *Cambiar para crecer...*

*"No es la especie más fuerte la que sobrevive, ni la más inteligente, sino la más receptiva al cambio".*
                                                    **Charles Darwin**

Solo faltaba Robert para repetir la mesa que compartimos aquel día en que nos volvimos a reencontrar. Junto a mí estaban las personas más importantes de mi vida, aquellas que me ayudaron a volver a nacer, quienes me ofrecieron una segunda oportunidad, la que yo jamás hubiera descubierto por mí mismo: Ángel, Tía Lui y Rosa.

Y aprovechando aquella reunión lancé la pregunta que hacía días llevaba planteándome:

—Tengo una inquietud que me gustaría compartir con vosotros, porque estoy seguro de que podréis ayudarme.

Sus respuestas fueron la muestra de lo que pensaba, que no podría tener mejor compañía de la que tenía: Ángel respondió con una afirmación y mostrando la disposición a ayudarme que esperaba, Tía Lui tomó mi mano, y al igual que Rosa guardó silencio y centraron su atención en mis palabras. Me sentí como un niño pequeño que intenta narrar a su familia una trastada o un secreto bien guardado.

—Creo que ha llegado el momento de comenzar a trabajar, de conseguir un empleo, una forma de contribuir, algo que me permita tener ingresos. Os agradezco la ayuda que me habéis dado y que me dais, pero no me siento cómodo dependiendo del dinero de Rosa, además necesito trabajar, sentirme útil.

—¿No definiste tus metas con Robert? Recogías algo de esto, ¿no?

Sí, así era, meses atrás había redactado mis metas, mi propósito de vida, incluso tenía un plan de acción que me permitiría alcanzarlos:

*"Mi propósito de vida es crear obras de arte que despierten emociones en las personas y se sientan felices al verlas"*

Pero ahora que había comenzado, conforme avanzaba en el camino planteado, había ido descubriendo lo que siempre sentí, que realmente aquello no me permitiría encontrar una forma de ganarme la vida de manera significativa para mí. Dedicarme al arte y al mundo de la pintura, aun siendo mi pasión, no satisfacía mis perspectivas personales en sentido de servicio y ayuda a los demás. En cambio, cada día más, cobraba especial interés en mí el ayudar a los jóvenes de Tía Lui y a quienes me consultaban aspectos de mi campo profesional, de aquello a lo que me había dedicado más de la mitad de mi vida: al diseño gráfico y al *marketing* digital.

—Sí, pero sabéis que nunca me sentí del todo satisfecho con mi propósito, y que, según mi plan de acción y mis metas, ya debería haber comenzado con la exposición y venta de alguno de mis cuadros, y sinceramente, no me apetece. He aplazado ya en varias ocasiones la fecha planteada inicialmente y sé por qué lo hago, porque no es ese realmente mi propósito.

Durante aproximadamente un minuto nadie habló. Fui consciente de quiénes eran los que me escuchaban, eran mucho más que mi familia, eran tres mentores, tres *coaches* acostumbrados a trabajar con los silencios, conocedores de la importancia de estos, y, tal como esperaban, continué hablando.

—Creo que debo reelaborar mi propósito y plantearme un nuevo objetivo principal, definido incluso, pero antes de hacerlo quería consultarlo con ustedes, quería conocer vuestra opinión al respecto de este cambio a tan solo unos meses de mi planteamiento.

—**¿Qué te aportará este cambio, hijo?** —preguntó con su dulce tono Tía Lui.

—Pienso que me dará más satisfacción personal, ya que no solo podré acercarme a otros mediante mi expresión artística, sino desde mis conocimientos profesionales, no sé si una mezcla de ambas expresiones podría funcionar.

—**¿Y qué te lo impide?** —Fue ahora Rosa la que lanzó la siguiente pregunta poderosa.

—Pues…, nada, por suerte no supondrá pérdida alguna. No hay nada que me lo impida, solo mi duda y mi inseguridad en todo este proceso de cambio. Han sido tantos en tan poco tiempo, y ahora este…

Fue Ángel quien continuó hablando…

—Todos tenemos miedo al cambio, es algo innato al ser humano, ya sabes que nos gusta sentirnos cómodos y tenerlo todo bajo control, pero también has aprendido que esta no es una buena manera de transitar por la vida y mucho menos de alcanzar el éxito. Si no llegas más allá de tus miedos, si no actúas por temor al cambio, siempre estarás donde estás hoy, o incluso peor, y tu vida jamás llegará a ser más de lo que es ahora. No hay forma de crecer si no es gracias al cambio. Míranos, los tres somos ejemplo de cambios bien gestionados, y mírate a ti, ¿qué hubiera pasado de no haber decidido dar el paso y afrontar un cambio en tu vida?

»Debes descubrir cuál o cuáles son tus miedos ante el cambio y atreverte a superarlos. Por nuestra experiencia hemos conocido todo tipo de temores, pero te puedo decir que todos y cada uno de ellos son superables y que detrás de ellos no hay más que dos opciones, así de simples y positivas las dos: éxito o aprendizaje.

»Hemos conocido a personas con miedo **al qué pasará**. Está claro que no podemos ver el futuro, nadie te asegura que todo vaya a salir como deseas, que obtengas los resultados prometidos o esperados, pero eso no puede detenerte, ya que muy probablemente nada de lo que te planteas como negativo o doloroso llegue a suceder.

*"Mi vida ha estado llena de terribles desgracias, la mayoría de las cuales nunca sucedieron"*

Michel de Montaigne

»Y si llegado el momento algo saliera mal, ya has aprendido que la mejor opción será encontrar el aprendizaje que te ha ofrecido esa oportunidad, asimilarlo y continuar en la partida.

»Otras personas temen **no saber hacer** o no tener la suficiente preparación para superar las nuevas situaciones que se plantearán. Pero es que nadie, cuando emprende un cambio, domina todas y cada una de las opciones, porque, de ser así, no se daría el cambio como tal, si no hay novedad no hay cambio. Por lo tanto, ante algo nuevo no queda más que aprender, aprender y aprender. Así lo han hecho todos los que un día se lanzaron a inventar, a crear, a ser el cambio que necesitaba el mundo, y aunque los tacharon de locos siguieron adelante.

»Párate a pensar, si ellos lo hicieron, ¿por qué tú no?

»También puedes llegar a temer que perder **relaciones**, amistades, familiares, que ya no opinarán igual de ti o incluso te rechazarán por lo que haces o has conseguido. Y ¿qué? ¿Realmente crees que los que de verdad te quieren te van a dejar de lado porque has decidido hacer un cambio en tu vida? Yo prefiero pensar que, gracias al cambio, comencé a compartir mi viaje solo con los que de verdad me querían.

»Por último, hay personas que piensan que las dificultades del cambio **serán para siempre,** hasta que descubren que nada es para siempre. En el universo todo está en continua transformación. Se dice que cambiamos todas las células de nuestro cuerpo en unos cinco años, quiere decir que hoy no somos los mismos de años atrás, que nuestro cuerpo se ha regenerado por completo, ¡ha cambiado! Y seguimos vivos, de no ser así, moriríamos.

»Todo ser vivo pasa por dos fases fundamentales en su vida y siempre se ubica en una u otra a lo largo de su existencia. En una hay cambios continuos, en otra el cambio deja paso a la conservación, a la permanencia, al estancamiento… en una se está creciendo, en otra, irremediablemente, se está muriendo.

»¿En cuál has decidido estar tú?

—Tengo claro que estoy del lado del cambio, del crecimiento y la mejora personal, gracias a ustedes hoy estoy aquí y no con una bala en la cabeza o metido en líos como siempre he estado. Además, gracias a uno de tus libros aprendí que "el cambio es inevitable, pero el progreso opcional". Yo he decidido cambiar y progresar gracias a él, como hasta ahora he ido haciendo.

—Genial, Toni, esa es la actitud, debes relacionarte con los cambios como retos y oportunidades, no como amenazas. A veces estos cambios te llegarán de forma obligada o impuesta, y otras serán tus decisiones, como te sucede hoy, las que te lleven al cambio, y entonces será mucho más sencillo aceptarlo y superarlo. Yo siempre dibujo una tabla como esta, que te hará ver la diferencia. —Entonces sacó un bolígrafo de su bolsillo, cogió una servilleta y dibujo este esquema:

## El cambio

| AMENAZA | RETO |
|---|---|
| Qué pierdo | Qué gano |
| Temor - Dolor | Éxito - Logro |
| Pesimismo | Optimismo |
| Sobrevivir | Mejora de la situación |
| Pasividad | Acción |
| **RIESGO** | **OPORTUNIDAD** |

—Mira, si percibes el cambio como una amenaza o un riesgo todo jugará en tu contra. Sin embargo, si lo ves como un reto o una oportunidad, te trasladarás al otro lado y sentirás que juegas con ventaja, que el universo está ahí apoyándote, listo para impulsarte a la siguiente posición del tablero de tu partida.

»Donde unos se preocupan por la pérdida, tú buscarás la ganancia. Cuando algunos actúan con temor y pesimismo, tú lo harás enfocado en las posibilidades de éxito, de la forma más optimista. Cuando ellos lo hagan buscando la simple supervivencia, tú estarás actuando en busca de la mejora continua, sin caer en el estado pasivo que provoca la comodidad de la zona de confort.

»No le temas al cambio, siempre ha estado y estará en nuestras vidas, es inherente a la naturaleza humana, por ello debemos aceptarlo como parte de nuestra grandeza.

Tía Lui intervino por primera vez tras el análisis tan profundo de Ángel.

—Además, hijo, sabes que nos tendrás a tu lado decidas lo que decidas.

—Y Ángel creo que tiene que darte una información que aún no te ha dado, ¿no es cierto? —apuntó entonces Rosa.

—Sí, es verdad, aún no se lo he confirmado. —Y mirándome, sonriendo, me alegró el día—: Hermano, he venido para quedarme a tu lado durante el tiempo que necesites hasta que comiences alguna actividad profesional, estaré para apoyarte en esta decisión que vemos te está costando. Domino un poco este tipo de decisiones y no quería dejar pasar la oportunidad de disfrutarla a tu lado, sé que guardas algo grande en tu interior y esta vez no quiero perdérmelo, quiero estar junto a ti el día que descubras la grandeza de servir a los demás y recibir multiplicado todo lo que diste, el día que comience tu nueva partida, la partida del éxito profesional.

## CAPÍTULO 3

## *La búsqueda del porqué...*

*"Es más fácil quedarse en la grada, criticar y decir qué se hace mal. Las gradas están llenas de gente. Ponte a jugar".*

Robert Kiyosaki

Mi vida en Sitges era ideal, la convivencia con Rosa no podía ser mejor. Todavía, en ocasiones, me invadían pensamientos del pasado que me hacían dudar del merecimiento o no de tener a mi lado una mujer como ella, pero, como ya había aprendido, yo me amaba, y por esto no podía pensar en una mujer menos especial y valiosa que ella a mi lado.

El Toni que había llegado a Barcelona no era el que salió hace más de treinta años, ni siquiera el que la conoció en Nueva York un par de años atrás. Ahora, todo el aprendizaje realizado, toda la transformación personal que, gracias a ella, principalmente, había sufrido, me hacía sentirme un ser merecedor de lo mejor en esta vida, porque yo también ofrecía lo mejor, y, según la ley del equilibrio, cuando tú te enfocas en dar al máximo nivel, no hay más, aquello que te mereces también vendrá a ti.

Pero desde hacía un par de semanas sentía que mi propósito de vida debía cambiar, necesitaba comenzar ya a trabajar, a aportar a la sociedad aquello que me estaba dando. Sentía el desequilibrio que estaba creando al recibir y recibir por parte de Rosa y de Tía Lui, que continuaban ayudándome en mi formación, cediéndome los espacios para que yo pudiese pintar, una casa donde dormir... ¿y yo? ¿Qué estaba aportando?... Nada. Tenía esa percepción, sentía que mi aportación, mi entrega, no podía reducirse a dibujar, a crear bellas obras de arte que, aunque me apasionaban y sabía que gustaban a quienes las veían, no eran suficiente. Necesitaba más acción, más contacto con otras personas al desarrollar mi trabajo, y el arte, el mundo de la creación subjetiva del autor, era todo lo contrario.

Por suerte Ángel había llegado en el momento justo y aquella mañana comenzamos a buscar soluciones a mi situación, o, mejor dicho, a cuestionar mi situación...

—Toni, ¿qué es lo que necesitas cambiar de lo que estás haciendo?

—Necesito interactuar con más personas, es lo que he descubierto al centrarme en el dibujo. Al aislarme en los momentos de creación he podido divertirme mucho, disfrutar de mi inspiración y de cómo la he podido transmitir en mis obras, pero ahora ya no disfruto como al principio y siento mi realización ayudando a Tía Lui y sus alumnos tras las clases de fotografía, por ejemplo, o explicando a alguien que me pregunta por la técnica que usé en algunos de mis dibujos.

—¿Y crees que esto sí te acercará a tu propósito de vida?

—Sí, es que he redactado un nuevo propósito a raíz de todo lo que me ha sucedido. Lo traigo aquí:

*Mi propósito de vida es ayudar a otros a crear obras de arte y dominar las técnicas del dibujo y del marketing digital para el disfrute de su tiempo libre o vocación profesional.*

—Me parece genial, ¿y has pensado qué tipo de trabajos pueden ofrecerte la oportunidad de acercarte a tu propósito de vida?

—Sí, podría ser profesor en una academia, o incluso monitor con Tía Lui, pero hay algo que me empuja más allá; más allá de quedarme con un empleo, de empezar de nuevo desde cero en una academia o en un trabajo...

—¿Estudias la posibilidad de emprender? ¿Te lo estás volviendo a plantear?

—Sí, claro, ya lo hice en una ocasión, y ya sabes qué ocurrió, por eso ahora tengo miedo, me falta confianza.

—¿Sabes que, dentro de unos años, quizás mucho menos de lo que esperamos, la mayoría de las profesiones se realizarán de forma totalmente distinta a como se realizan hoy? Existirán muchas nuevas y otras habrán desaparecido. ¿Sabes que el emprendimiento, aunque parezca una opción arriesgada, es la opción más segura para llegar a ser millonario?

—Sí, eso lo he aprendido de Rosa, ella dice que, mientras su trabajo dependa de ella, siempre tendrá trabajo. Que lo riesgoso no es emprender, sino depender, o que, si no trabajas para lograr tus sueños, estarás trabajando para los sueños de otros.

—Y tiene toda la razón, fíjate en la historia de estos dos amigos de la infancia, Lluis y Elisabeth, ¿te acuerdas de Elisabeth?

—¿"La inglesa"?

—La misma. Años después, su padre regresó a Inglaterra y no volvimos a verle, pero ella y su madre no se marcharon y aún está por aquí por el pueblo, quizás algún día la veamos, cambió de trabajo y ya no la he vuelto a ver. Pues bien, Luz y Lluis eran dos enamorados de la cocina, a los dos les encantaba su trabajo y ambos eran cocineros en el mismo restaurante, compartieron puesto de trabajo durante unos años, pero, sin saberlo, estaban trabajando en el sueño de otro, y ese otro, un día, dejó de soñar y decidió que su restaurante ya no era su pasión, que había llegado el momento de cambiar, así que lo vendió. De esta forma se vieron trabajando para un nuevo jefe, para un nuevo propietario de restaurante que nada tenía que ver con el anterior, y ahí empezó el cambio... Un cambio no provocado por ellos, un cambio sobre el que ellos no tenían control, un cambio que llevó a Lluis a autodespedirse, abandonó este nuevo proyecto porque no compartía la idea de negocio que la nueva dirección estaba imponiendo, y no se equivocó. Poco tiempo después Elisabeth también tuvo que marchar, ella lo hizo obligada por el cierre definitivo del restaurante.

»Ambos perdieron su puesto de trabajo, compartieron esta situación durante un tiempo, hasta que cada uno tomó una decisión. Elisabeth no tardó en encontrar otro restaurante en el que trabajar, de hecho, creo que aún no ha parado, es una buena chef. Pero Lluis pensó que, si era capaz de ponerse a trabajar en su propio sueño, jamás lo volverían a despedir ni a autodespedirse, y comenzó un nuevo camino... El resto de la historia ya te la hemos contado, se llama La casa de Lluis y está en La masía.

—Sí, es muy bonito cuando un proyecto emprendedor sale adelante y funciona, pero mi experiencia fue muy distinta y es eso lo que me hace dudar, porque, aunque Lluis quizás esté ahora en una situación más favorable que Elisabeth, muy probablemente lo haya pasado peor que ella en todo este tiempo.

—¿Peor? ¿En qué sentido?

—Me refiero a que gestionar un negocio, hacer que funcione y mantenerlo en el tiempo, no es fácil, habrá tenido muchas dificultades, contratiempos, problemas... Mientras Elisabeth solo habrá tenido que hacer bien su trabajo.

—Sí, pero aun haciéndolo bien, le perdí la pista cuando cambió de restaurante por segunda vez, y en todo este tiempo, además, ¡fue a pedirle trabajo a Lluis! Ya ves que no ha llevado una vida tan cómoda como imaginas.

»El mundo laboral ha cambiado, hermano, antes un trabajo era para toda la vida, en cambio, un joven de hoy a lo largo de su vida laboral se estima que tendrá entre cinco y diez trabajos distintos y lo peor de todo son las perspectivas en cuanto a sueldos...

»Pero volvamos al caso de Lluis y Elisabeth. La diferencia entre ambos a la hora de decidir su futuro profesional fue una, la misma que siempre se da a la hora de optar por emprender o trabajar por cuenta ajena, uno encontró sus porqués, otro no.

—No te entiendo, ¿qué es eso de los porqués?

—Me estoy refiriendo a que Lluis se cargó de razones para dar el paso. Encontró uno o varios motivos por los que cambiar de empleado a empresario y se lanzó. Sin embargo, Elisabeth no los encontró o ni siquiera los buscó, y continuó en el lado del empleado contratado que, aunque a ella *a priori* le diera más seguridad, es la opción más arriesgada. Es así, aunque no te lo parezca, trabajar por cuenta ajena hoy es la opción más arriesgada en el mundo laboral.

—Pero, ¿por qué?

—Ya lo descubrirás, ahora quiero que veas otros tipos de porqués, los porqués del emprendedor; quizás encuentres ahí los tuyos.

***

»Comenzaré hablándote de mi porqué...

»Cuando descubrí que mi pasión estaba en el mundo del deporte, pero que con una pierna menos el enfoque debería ser muy distinto, me empecé a enamorar del *coaching* y de cómo este podía ayudar a los deportistas a lograr su más alto nivel deportivo. Comencé trabajando para otros, pero pronto pude ver que mi idea no era la misma, que mi enfoque era muy distinto al de ellos y que incluso lo que yo estaba buscando aún no existía, y entonces decidí crearlo.

»Mi porqué: yo quería ser un impacto en el mundo del *coaching* deportivo.

»Centrémonos ahora en el porqué de Lluis: él se vio fuera de su trabajo por negligencia de su jefe o del propietario del restaurante, su por qué fue no depender nunca más de las decisiones de otro.

»¿Te atreves a encontrar otras razones que lleven al emprendimiento?

—Yo, cuando comencé como *freelance*, lo hice por dinero, sabía que ganaría mucho más ofreciendo mi propio trabajo de primera mano que trabajando para una empresa. Por eso decidí comenzar y trabajar como autónomo en un principio, para finalmente acabar teniendo una pequeña empresa donde éramos cuatro, dos diseñadores, un mánager y gerente y yo. Pero el éxito nos pudo y no supimos o, mejor dicho, no supe gestionarlo, ya conoces la historia.

—Entrar en los negocios por dinero es el error número uno que cometen la mayoría de los emprendedores. Está claro que es un motivo importante y que debe ser uno de los impulsores del proyecto emprendedor, porque si no existiera repercusión económica solo tendríamos ONG en el mercado empresarial. A lo que me refiero es que, si tu principal impulsor es el económico, es muy probable que acabes teniendo problemas, esto lo veremos, no vamos a pararnos mucho en este punto. Pero recuerda, hermano, cuando creas un negocio pensando en ti, acabarás siendo tu principal cliente, y no es eso en lo que se basa el mundo de los negocios.

—Sí, así me fue, tienes toda la razón. Cuando iniciamos los Tonnick´s, lo hicimos para invertir parte del dinero que mi empresa de publicidad estaba generando y para disfrutar de lo que más nos gustaba, pero con nuestras reglas y a nuestra forma. Sabíamos que el mundo de los *pubs* y de la noche generaba mucho dinero y era eso en lo que estábamos centrados en aquel momento, en ganar más y más dinero. Fue ahí donde cometimos los errores más grandes, nuestra avaricia rompió el saco.

—¿De verdad crees que fue solo vuestra avaricia? La avaricia es una palabra que no me gusta, realmente existe mucha gente avariciosa en el mundo de los negocios, porque centra su atención en ganar, en poseer a cualquier precio, pero por suerte y cada vez más existe otro perfil empresarial que muestra interés por seguir creciendo, aspiraciones más altas y ganas de llegar más lejos, pero no poniendo el centro en lo económico ni en sí mismos, sino donde debe estar, en el cliente y en el problema que tú le estás resolviendo. ¿Pensaste alguna vez en esto cuando emprendías hace unos años?

—No, solo pensaba en qué podíamos hacer para ganar más dinero. Sí pensábamos en qué le gustaba a la gente, por ejemplo, el estilo de nuestros *pubs* era muy atractivo y divertido, pero jamás nos planteamos nada más allá de lo que a nosotros nos interesaba o nos parecía necesario.

—¿Qué conocíais del mundo de los *pubs* y la noche?

—Mucho, por desgracia llevaba varios años disfrutando de todos sus encantos y sufriendo todas sus consecuencias al mismo tiempo.

—Sí, pero eso lo hacías como cliente, pero como empresario del sector, como trabajador, ¿sabíais algo más de lo que simplemente os gustaba como clientes?

—No, desde el punto de vista del empresario nos limitamos a poner el capital y tomar algunas decisiones, pero no conocíamos ese mundo por dentro, y así nos fue.

—Claro, fue ese otro grave error, no solo la avaricia, también el iniciar un proyecto que realmente no era el vuestro, que no dominabais, porque jamás habíais estado en él. Es ese otro típico error de muchos emprendedores, comenzar en el lugar equivocado.

»¿Y cuánto tiempo duró vuestra empresa, Toni?

—Bueno, mi empresa de publicidad duró un par de años aproximadamente, y la de los *pubs*... seis meses.

—¿Sabes que el ochenta por ciento de los proyectos emprendedores suelen desaparecer durante el primer año de vida? ¿Y que del veinte por ciento restante solo un porcentaje igual de pequeño alcanza cierta madurez, llegando al quinto año de funcionamiento?

—Guau, no lo sabía, no soy el único entonces.

—Pero no pienses que todos cometen el mismo error, eso de ganar tanto dinero que te lleve a la quiebra, como te sucedió a ti, no es nada común, más bien es todo lo contrario. Ya lo veremos, hay muchos otros errores, pero TODOS comienzan en lo que estamos tratando ahora, en los porqués. Cuando tú defines claramente por qué quieres lanzarte al mundo del emprendimiento, ya tienes mucho adelantado, porque desde ahí comenzarás a trabajar tus habilidades y tus necesidades, con esa determinación ya podrás ver qué tienes y qué necesitas para comenzar. Veamos otros porqués.

»Creo que me dijiste que te lanzaste como trabajador autónomo a raíz de dejar tu trabajo, ¿no es así?

—Sí, fue así, cometí muchos errores, y decidí no volver a mi empresa, comenzar una nueva vida, sin mujer, sin trabajo. Me vi sin nada, pero sabía que era bueno en lo mío.

—¡Genial! Ese es el otro gran POR QUÉ quiero emprender, "SOY EL MEJOR EN LO MÍO". No te imaginas la cantidad de emprendedores que se consideran los mejores o al menos grandes profesionales de su campo, y por este motivo, porque consideran que pueden hacerlo mejor que su jefa, mejor que el dueño de empresa, deciden lanzarse a hacerlo a su manera. Esos son los Técnicos que, sin mirar más allá de la distancia de sus dedos, un día deciden montar la empresa que hará las cosas bien, como ellos o ellas saben hacerlas… porque puede haber otros que lo hagan igual, pero mejor que ellos, NO.

## CAPÍTULO 4

## *No todo es tan fácil como parece...*

> *"El que sigue a la multitud no llegará más allá de la multitud. Aquel que camina solo, es muy probable encontrarlo en lugares que nunca nadie ha estado antes"*
>
> **Albert Einstein**

—¿Pensaste por algún momento eso, Toni, cuando decidiste emprender como *freelance* de la publicidad? ¿Creíste que eras un gran profesional y que gracias a eso podrías montar tu propia empresa?

—Sí, así fue, ¿es eso un error acaso?

—Es parte del error de muchos emprendedores, Toni, pensar que el ser un gran abogado, una gran dentista, chef, mecánico o vendedor, te permitirá montar un gran restaurante, una gran clínica, bufete o taller de reparaciones, por ejemplo. Es lo que lleva a muchos emprendedores a lanzarse... y, al poco tiempo, a estrellarse.

—Pero entonces, ¿cuál debe ser mi por qué?

—Hay otros, ¿no crees? Puede ser el de tener más tiempo libre, tener independencia horaria al no tener que rendir cuentas a nadie, generar puestos de trabajo y aportar un buen producto o servicio a la sociedad, mejorar tu situación familiar, buscar nuevas relaciones... Hay muchos porqués, y todos son válidos y correctos para comenzar, no está ahí el error ni el acierto en los negocios, pero sí son parte de los mismos, por eso deben estar bien definidos.

»Como ya te he dicho, un buen porqué debe ser el inicio de todo proyecto emprendedor, porque a él te agarrarás en ciertas ocasiones en las que las dudas o las desilusiones te hagan plantearte preguntas como: ¿Qué hago yo aquí? ¿Para qué tuve que meterme en este lío? ¿Qué necesidad tenía yo para...?, Esto no es lo que esperaba, Ya me lo decían... Todas estas dudas, estos pensamientos, llegarán en algún momento a lo largo de tu proceso de creación de empresa, y solo si has buscado un porqué lo suficientemente fuerte, una razón muy potente que te impulse por encima de las dudas y los miedos, lograrás superar la primera fase de tu negocio, la más dura y complicada, esos primeros años de crecimiento.

»Por eso tu porqué no deberá ser única y exclusivamente el económico, porque créeme, son muy pocos los negocios que en sus comienzos destacan por este punto, ni tampoco porque seas un gran profesional en tu campo, eso no te capacita como empresario, solo como lo que eres, un gran profesional. La gestión de un negocio va mucho más allá de hacer un plato de la categoría de un restaurante con estrella Michelín, de arreglar de forma magistral un coche o detectar y solucionar problemas bucales como nadie. No, eso es solo el trabajo técnico, y como técnico puedes ser el mejor, pero para emprender vas a necesitar otras cualidades, y TUS PORQUÉS son lo primero.

»A partir de ahí tocará comenzar a trabajar, a conocer el funcionamiento de tu empresa en particular y el mundo de los negocios en general, tendrás que dejar atrás otra serie de errores comunes, muy comunes, y sustituirlos por conductas acertadas, por acciones necesarias y de éxito que todo emprendedor debe conocer, pero eso será mucho más adelante. Ahora volvamos a lo nuestro, ¿emprendes o trabajas?

—Me gustaría emprender, ya te lo he dicho, crear mi empresa, pero no sé por dónde empezar, ni si podré obtener dinero para empezar…

—Eso es primordial, Toni, hay emprendedores que comienzan su carrera en el mundo de los negocios tan hundidos y presionados por las deudas que el miedo les paraliza y les impide tener una visión optimista de su idea, porque cada día miran sus números y descubren la realidad a la que deben hacer frente y esta crea en ellos tal situación de estrés y desesperanza que los coloca en un bucle o espiral descendente de la que solo el abandono del negocio les permitirá salir. Para evitarlo, un **plan de viabilidad** te podrá ayudar a predecir hasta qué punto tu idea de negocio puede funcionar o no según el mercado y el contexto en el que se desarrolle, pero para esto un gestor te podrá ayudar mejor que yo, y no tendrás que ir muy lejos a buscarlo, Rosa es una gran especialista en esto, ella te podrá ayudar a elaborarlo. Pero, sinceramente, para mí esto no es lo más importante, he visto fracasar proyectos cuyos planes de viabilidad los pronosticaban como éxitos asegurados, sin embargo, yo ya había visto el error antes de conocer sus números. Los líderes, los emprendedores que debían hacer realidad esos cálculos, estaban faltos de principios, de mentalidad o de actitud, y esa sí es la verdadera clave del éxito.

»Te repito lo que tantas veces te hemos dicho: en el mundo de los negocios, como en la vida en general, solo la actitud y una mentalidad positiva puede llevarte al éxito. No conozco a ningún empresario de éxito pesimista o con actitudes derrotistas, muy al contrario, TODOS mantienen una mentalidad de éxito que les permite subirse a la espiral ascendente, ver más allá de las derrotas temporales, confiar en su intuición, atreverse a hacer, porque saben que la victoria solo está destinada a los valientes, a los que conocen las reglas y están programados para el éxito. Y tú ya hiciste tu programación mental, ahora solo te falta conocer las reglas de los negocios, las reglas básicas que todo emprendedor debe conocer antes de lanzarse a este mundo, y recuerda: *busca un propósito de vida que te permita resolver un problema o cubra una necesidad existente, acompáñalo de una actitud mental positiva y serás capaz de crear un proyecto emprendedor de éxito asegurado haciendo aquello que amas.*

»Te contaré una anécdota, hace unos años trabajé con uno de los futbolistas que más me ha impactado positivamente y más me ha ayudado a lo largo de mi vida, se ha convertido en un gran amigo, aunque comenzó siendo uno de mis clientes. Es Sergio Ramos, ya te hablé de que he trabajado y trabajo con grandes deportistas. Él es un ejemplo de AMP (actitud mental positiva). Llegó a nosotros recomendado por uno de sus entrenadores después de fallar uno de los penaltis que hubiera clasificado a su equipo para una final de la Copa de Europa de Clubes. Este penalti y su mala ejecución le acarreó una infinidad de críticas y mofas en redes sociales, además su equipo quedó descalificado tras aquella tanda de penaltis. Por esto, su entrenador, ante la posibilidad de que uno de sus principales jugadores se viera afectado por todos aquellos mensajes negativos e incluso ofensivos en algunos casos, le animó a ponerse en contacto con nosotros y a que comenzara un proceso de *coaching* motivacional que le permitiera superar aquella situación.

»Comenzamos a trabajar y fui descubriendo no solo al futbolista, sino a la persona que había detrás de ese personaje que todos podían ver desde la grada o la televisión. Fue este uno de los procesos de *coaching* más bonitos y fructíferos que he tenido. Los deportistas de élite trabajan bajo mucha presión, llevan vidas muy distintas al resto, entregadas al deporte, acostumbrados al sacrificio y a la autoexigencia, en la mayoría de las ocasiones alejados de sus familias, de sus hogares, y con el requisito del éxito como única opción.

»Fueron casi dos meses en los que nuestra meta era la de ignorar los mensajes negativos que había recibido y continuaba recibiendo y utilizarlos como impulsores hacia la mejora, hacia la excelencia deportiva, lo que por suerte ya había demostrado en otras ocasiones. Y lo conseguimos, llegó el momento donde Sergio debía experimentar lo que habíamos trabajado, demostrar si había superado o no lo sucedido en aquella trágica tanda de penaltis el día en que su equipo quedó eliminado de la Champions y todos los dedos lo señalaron a él como culpable.

»Partido igualado, penalti a favor, Sergio no era quien debía lanzarlo, pero fue a por el balón y, sin decir nada, lo colocó en el punto de lanzamiento. Todos supieron que era él quien tenía que realizar aquel lanzamiento, aunque no le correspondiese.

»Otro jugador podría haber optado por dejarlo pasar, por no volver a intentar aquello que podría apartarlo de su carrera deportiva, porque en esta profesión el aspecto psicológico es casi más importante que el físico, y la presión de la afición ante otro error no provocado podría haber resultado insuperable. Pero él sabía que debía saldar la deuda y meter gol o volverlo a fallar y muy probablemente ver llegar su final, al menos en su equipo. Sin embargo, algo habíamos hecho bien, algo había destapado la grandeza de los campeones en Sergio, y aquella noche yo casi muero de un infarto.

»Soy un simple mortal, como tú, pero él, al igual que los grandes deportistas de la historia, está hecho de otro material, pareció que su corazón se paraba en aquel momento, mientras el mío estaba a punto de estallar.

»Aquel penalti no pudo ser más comprometedor y arriesgado para todos, en lugar de lanzarlo de forma potente y precisa, asegurando así en gran medida el acierto del tiro, tras la indicación del árbitro corrió hacia el balón y, justo en el momento de golpear, cuando yo esperaba que entregara toda su potencia en el disparo, él se paró ante la pelota y, sorprendentemente, mientras el portero caía a un lado confiado en acertar el lugar de lanzamiento y realizar la parada, él ejecutó un disparo suave y elevado al centro de la portería, a lo Panenka, como se conoce en el argot futbolístico, al estilo de los más grandes, como muy pocos elegidos lo han hecho a lo largo de la historia…

»Aquella noche, Sergio no solo metió un gol, proclamó a todos y a sí mismo que él era ÉXITO, porque así lo había decidido, porque así lo tenía programado en su mente .

»Esto es una muestra más de que todo éxito comienza en tu mente, continúa en tu actitud y termina en tus acciones. No hay más, es este el camino del éxito, y todo aquel que sea capaz de seguir estos pasos, más pronto que tarde, se topará de bruces con él, ya sea en su trabajo o en su proyecto emprendedor.

Ángel guardó silencio por un momento.

—Buscaré mis porqués entonces antes de decidirme por un proyecto emprendedor, quiero ir paso a paso y estar seguro de lo que hago. En mi vida he corrido muchos riesgos, he tomado decisiones de las que me he arrepentido y lo sabes, no quiero volverme a equivocar.

—Toni, ya no eres el de antes, has vivido tu proceso de transformación y ahora tus decisiones no serán las mismas, porque tú no eres el mismo. Has aprendido a actuar desde el corazón, a saber escucharlo y a oír a tu intuición, aunque aún no lo hayas hecho. Atrévete a escuchar lo que te dice. Cuando transformas tu ser, cuando creces como persona, puedes confiar en lo que sientes y actuar en consecuencia, pocas veces tomarás acciones erróneas cuando lo hagas desde el corazón, y si finalmente no resultó lo que esperabas, probablemente ese no sea el final, sino simplemente un paso intermedio antes de llegar a tu éxito.

»Ya sabes, guarda silencio, escucha a tu corazón... y ACTÚA.

## CAPÍTULO 5

# *El cuadrante empresarial*

*"Un negocio es simplemente una idea para mejorar la vida de otras personas".*

Richard Branson

Aquella tarde la pasé reflexionando a solas en la terraza del maravilloso ático de Rosa, el cual, poco a poco, se estaba convirtiendo en mi hogar. Mi listado de porqués ya estaba listo, y mi decisión de emprender, de crear mi propio negocio, también estaba tomada. No tenía nada que ver con lo que había hecho hasta ahora, jamás podría imaginarme que acabaría invirtiendo en un negocio así, pero era lo que pedía mi corazón, lo que despertaba mi pasión ahora que había encontrado mi verdadero yo, y sabía que si lo hacía podría llegar a equivocarme, pero que, si no lo hacía, me arrepentiría toda mi vida. Y otra de las cosas que había aprendido durante mi proceso de transformación era que el viaje de la vida no dura mucho, por lo que debemos hacerlo divertido dedicándonos a aquello que nos apasiona o, de lo contrario, trabajaremos para la pasión de otro y nuestra partida quizás sea más tranquila, pero seguro que mucho más aburrida.

La decisión estaba tomada, me lanzaría al mundo del emprendimiento, pero ante mí se mostraba un camino incierto lleno de dificultades, muchas de las cuales ya conocía por mi anterior experiencia, y mi único proyecto era un pequeño listado de porqués. Estaba deseando ver a Ángel para consultarle todas mis dudas. Aún no sabía lo que me esperaba, tenía que descubrir que el mundo del emprendimiento tiene más matices que la paleta que usaba para mis dibujos y que mis dudas no eran más que el comienzo de un pequeño listado de cosas por hacer que, en el transcurso de unas semanas, invadirían mi agenda personal, que hasta ahora había estado prácticamente vacía. Comenzaba la diversión.

—¡Buenos días!

—¡Buenos días! —Por primera vez fui capaz de responder con el mismo entusiasmo que habitualmente usaban Ángel y Robert—. Rosa ha salido, ¿te apetece que nos quedemos aquí hoy? En la terraza se está muy bien a esta hora.

—Genial, hoy, antes de comenzar, de que me cuentes lo que has trabajado, me gustaría darte un pequeño regalo. Te he traído este libro, que te vendría bien leer durante todo este proceso, *Piense y hágase rico*. Creo que ningún emprendedor que quiera llegar lejos en el mundo de los negocios debería empezar sin antes haber leído este libro que ha cambiado la vida de millones de personas. No es un manual para emprender, ni una guía para el mundo de los negocios, es un libro que te animará a creer en ti, en tus posibilidades, y, sobre todo, te ayudará a crear una mentalidad de éxito. Está basado en los aprendizajes que el autor extrajo de las entrevistas que realizó a casi quinientas personas de éxito de EE. UU. a comienzos del siglo xx. Su autor, Napoleon Hill, pudo sentarse a hablar con las personas más ricas e influyentes de la época, desde banqueros a grandes empresarios, pasando por el presidente del país o el mismísimo Thomas Edison. Te gustará, y si finalmente decides no emprender, también te servirá, ya que como te he dicho no es un libro de negocios.

—Sí, sí, lo leeré, seguro que me encantará, como todos los que hasta ahora me has recomendado. Además, lo he decidido, me gustaría emprender, comenzar en el mundo laboral desde otra posición. Tengo ilusión por crear mi escuela de arte.

—¿Ah sí? ¡Te has decidido! ¿Y qué has pensado exactamente?

—Me gustaría hacer algo novedoso que incluya aquello que domino y me apasiona en una única academia: una *Escuela de arte, diseño gráfico y marketing digital*. Podría trabajar el arte aplicado al *marketing* o el diseño gráfico desde las técnicas y la perspectiva del artista, ¿qué te parece?

—¡Genial! Me encanta la idea, se ve que hay PASIÓN, que es lo que te gusta y que dominas lo que vas a emprender, y sin darte cuenta has acertado con otro de los lados del cuadrante empresarial, la MISIÓN, ahí hay una misión muy bonita, hermano.

—¿Qué es eso del cuadrante empresarial? —Este concepto no lo había escuchado nunca, aunque tampoco me extrañó, ya que mi anterior experiencia como emprendedor jamás incluyó interés alguno por el mundo de la empresa.

—Se trata de un cuadrado formado por cuatro lados que dan estabilidad y seguridad a cualquier empresa que quiera permanecer en el tiempo:

»Si no hay pasión en lo que haces será mejor que ni lo intentes. Ni te imaginas lo complicado que puede llegar a ser el mundo empresarial. Por lo que me dijiste, en tu anterior etapa de emprendedor descuidaste muchos de los aspectos fundamentales del empresario y por eso fracasaste, es inevitable. Si para ti la creación de tu empresa y su puesta en marcha no estuvo cargada de situaciones difíciles, de caídas y decisiones importantes que no te dejaran dormir, algo no estabas haciendo bien. Como así fue, abdicaste muchas de tus funciones y eso no es lo correcto, verás la diferencia de abdicar y delegar cuando te hable del equipo, ahora centrémonos en la pasión. Te diré una verdad que pocos conocen, sin pasión muchas de las cosas que hoy disfrutas no hubieran llegado a nuestras manos. Fíjate ahí abajo, desde aquella tabla de *windsurf*, hasta aquel centro comercial, detrás de ambos hubo pasión en su creación. No llegaron a nosotros de la noche a la mañana, antes hubo un sueño, luego una puesta en marcha y después, lo más duro, el trabajo hasta transformar la idea, el sueño de un visionario o de un loco, como seguro que lo llamaron, en una realidad a base de horas de trabajo, de lucha contra las adversidades y de esfuerzo donde otros hubieran lanzado la toalla. Es así, la historia se repite en cada caso de éxito, pero en todos fue la pasión por lo que se hacía la que ayudó a continuar, a superar las dificultades del camino. Por eso recuerda, si no hay pasión en lo que haces, tu cuadrado no estará completo, así que todo lo que hagas se escapará por ese hueco.

»Otro de los lados es la MISIÓN, debes definir la misión de tu negocio, qué problema resuelve, qué está necesitando la sociedad que tú y tu idea vais a solucionar. Creo que ya lo has definido muy bien, tu idea tiene una buena misión, hermano.

»El tercer lado es del EQUIPO, y es que un buen proyecto sin equipo que lo gestione y lo saque adelante jamás llegará a ser un gran proyecto. Nadie, y te repito con la certeza de años de experiencia, nadie sacó jamás adelante un proyecto sin un equipo que lo acompañara. Tú puedes ser muy capaz de sacar adelante tu empresa en solitario, pero si deseas marcar la diferencia, el mundo de la empresa, finalmente, te requerirá tener un equipo. De lo contrario, tú mismo comenzarás a ser el tapón que descorchar para el crecimiento de tu idea.

»Y, por último, el cuarto de los lados de este cuadrilátero es el LIDERAZGO, sin una buena función de liderazgo tu empresa no llegará muy lejos. Fíjate en la forma en que lideraste tu empresa, porque era tu empresa de publicidad, no la de Nick, ¿qué tal te fue?

—Mal, no supe gestionar nada de ella, lo dejé todo en sus manos.

—Tú eras el impulsor del proyecto, pero luego jamás lideraste, cediste estos derechos y, sin darte cuenta, tu empresa dejó de pertenecerte, porque sí, tú eras el trabajador que más cobraba, pero un empleado, al fin y al cabo. Las funciones de liderazgo preferiste dejarlas en manos de otros.

—Tienes toda la razón, me fui desentendiendo de muchas de mis funciones por comodidad, por dejadez. Preferí pensar que todo marcharía bien sin preocuparme de más, sin exigirme más allá de lo que era mi trabajo, pensando que otros podrían gestionar lo que a mí no me apetecía como si fuese yo mismo el que lo hiciera.

—No es así como funciona, ni el mundo empresarial, ni la vida. Recuerda que tú eres el responsable 100 % de tus actos, que tus acciones te traerán unos resultados y que solo si TÚ tomas el timón de tu barco este te llevará donde tú elijas. Ya has podido comprobar cuántas personas aún continúan a bordo de una embarcación sin timonel, que va de un lado a otro a la deriva, sin rumbo fijo, o peor aún, según el rumbo impuesto a la fuerza por otros.

»Hoy comenzaremos a darle forma a tu idea, a convertir un sueño en una empresa de éxito, capaz de llegar allí adonde tú decidas. ¡Vamos, ponte al timón de tu barco, que zarpamos!

## CAPÍTULO 6

# *Donde Toni comienza mal...*

*"Las ideas son fáciles, la implementación es lo más duro"*

Guy Kawasaki

Aquella mañana Ángel llegó a casa y me propuso un juego.

—Hermano, me gustaría que visionaras tu empresa ya creada, la describieras y me fueras diciendo como si estuvieras viéndolo de qué forma se desarrollan tus funciones, cómo suceden las cosas, qué situaciones se dan... De ahí quizás podamos comenzar a construir tu empresa de éxito.

—¿Quieres decir que imagine el funcionamiento de mi empresa y te lo describa? Pero si apenas sé cómo lo voy a hacer, y mucho menos cómo va a funcionar —respondí sorprendido a la solicitud de Ángel.

—No te preocupes, tú solo usa tu imaginación, sueña alto, ya sabes, sueña en grande, empieza en pequeño... vamos, inténtalo.

—Bueno, pues dime al menos por dónde empiezo.

—Podrías comenzar por definir tu idea de negocio y de ahí continuar explicándome cómo desarrollarías tu labor y cómo se llevaría a cabo en tu empresa —me aclaró

Ángel muy animado.

—Bueno, pues voy a intentarlo...

»Mi escuela de dibujo estaría abierta desde las nueve o diez de la mañana y tendríamos alumnos desde los doce o catorce años en adelante, ya que quiero darle un estilo algo más profesional y centrado en el diseño gráfico y el *marketing*. No quiero ser una escuela de artes para niños pequeños, me gustaría definirme por alumnos de cierta edad, con ideas más definidas hacia un futuro profesional.

—Muy bien. —Ángel continuó entusiasmado—. Pues has comenzado y ya tienes a tus clientes todos los días esperando que habrás las puertas de tu negocio, tu academia es todo un éxito. Vamos, atrévete, ¡sueña!

—Sí, muy bien, tengo muchos clientes, muchos alumnos que disfrutan en mi academia. Tengo ya todas las horas ocupadas con clases de seis a ocho alumnos. Me gustaría tener alguna más individual, pero hasta ahora solo tengo dos sesiones individuales a la semana.

—Solo dos, ¿qué te impide tener el número de sesiones que tú deseas?

—Pues tiempo, tengo todas las horas repletas de grupos. Tendría que hacer algo.

—¿Y qué puedes hacer para tener más tiempo, para liberarte de algunas clases?

—Contratar a alguien, quizás si alguien se encarga de recibir y de informar a los alumnos y un profesor más me ayudara podría liberarme de algunas clases y del estrés que causa la atención al alumnado.

—Genial, continúa.

Tras reflexionar durante un momento, continué.

—Pues ahora en mi equipo hay un chico que se encarga de recibir a los alumnos e informar de lo necesario y una chica que imparte clases junto a mí.

—Muy bien, así ya tu escuela funciona tal y como a ti te gusta, ¿no es cierto?

—Bueno, en un futuro me gustaría impartir talleres especializados, hay ciertos temas que seguro aportarían mucho valor y dentro de las clases perderían interés y relevancia, serían talleres o seminarios puntuales, pero de nuevo pienso que no entrarían por falta de horario.

—¿Y qué necesitas?

—Quizás otra persona más que ayude con las clases.

—Genial, ya seríais tres profesores, una recepcionista... y una pregunta: ¿La gestión económica y legal quién la desarrollaría?

—¿Yo? —pregunté algo asustado—. Ángel, pienso que debería ser una persona externa la que lo gestione, pero, dada la experiencia que tuve con mis negocios, no me atrevería a dejar en manos de nadie estos temas. Aunque, sinceramente, a mí se me caería el mundo encima si tuviera que ser yo el responsable de gestionar toda la documentación legal de mi negocio o de cualquier otro proyecto emprendedor por muy pequeño que fuera.

Mi hermano comenzó a reír y creo que la expresión de mi rostro le animó a terminar con aquel juego que comenzaba a dejar de ser divertido.

—Muy bien, Toni, dejémoslo aquí antes de que cierres tu negocio antes de abrirlo. —Y entre risas continuó hablándome—. Es muy normal lo que me cuentas, por eso antes de empezar debemos hacer una proyección de futuro para ver cuáles pueden ser las necesidades y cómo se cubrirán, de lo contrario puede pasarte como le ocurre a casi el noventa por ciento de los negocios que comienzan. Recuerda que, en nuestro país, solo dos de cada diez negocios sobreviven más allá del primer año, y de ellos solo uno de cada diez llegará al quinto año de vida. Voy a plantear una situación muy común que puede suceder en tu negocio, al igual que ha sucedido, sucede y sucederá en el de otros muchos emprendedores.

»De principio la gestión económica suponemos que la vamos a dejar en tu mano, es lo más lógico y lo que todos los emprendedores suelen hacer al comenzar, pero la gestión legal no, eso lo vamos a dejar en manos de un amigo que sabes que se le da bien y ya ha gestionado a otros autónomos antes, además te llevará una cantidad muy económica, lo que te permitirá abaratar costos, algo tan importante al comienzo de toda actividad empresarial.

»Pues bien, comencemos. Tu negocio abre sus puertas y, como bien has dicho, las clases comienzan a llenarse, gusta mucho lo que haces y llega el momento en que debes pedir colaboración. Como ya hay un chaval que lleva mucho tiempo contigo y además Tía Lui te habló muy bien de él, decides pedirle que colabore y se haga cargo de alguna clase, y un día Juan comienza a trabajar en tu empresa.

»De la misma manera, para la atención al público contactas con la hermana de una amiga de Rosa que, según te comentó, necesitaba trabajar y se trata de una chica formal, de esta forma Lucía también forma parte de tu equipo.

»Como son conocidos y muy simpáticos confías en que desarrollen su labor como esperas, pero te das cuenta de que algunos clientes han dejado de asistir a las clases de Juan y otros te piden que si puedes ser tú el que los atienda, ya que Juan en ocasiones no muestra el suficiente interés por su trabajo. Además, has comprobado que el estudio cada vez está más sucio y desordenado, por lo que decides quedarte una tarde a dar un repaso y ponerlo todo en orden. Y esa tarde algunos clientes que llegan a solicitar información te comentan que han llamado varias veces por teléfono, pero que la chica que les atendió no sabía muy bien lo que ofrecerles.

»Al día siguiente decides hablar con tus dos colaboradores para aclarar lo que está sucediendo y procurar que no vuelvan a darse este tipo de situaciones, además a Juan le pedirás que sea más ordenado en sus clases, ya que este factor junto a la limpieza es determinante para ti.

»Juan reconoce que en ocasiones no ha sabido transmitir ciertos contenidos que tú le pediste que impartiera y los modificó por otros que él sí dominaba más, mientras que Lucía simplemente no recuerda esas llamadas.

»Pues así continuáis, tú quedándote a recoger alguna que otra tarde, viendo cómo tus clases siguen llenas de alumnos mientras las de Juan van cayendo en número en la misma proporción a las conversaciones que mantiene con Lucía en horario de trabajo.

»No solo no te planteas incluir nuevos talleres, sino que, en tu desesperanza, estás pensando prescindir de Juan, ya que parece que desde su llegada tú no has trabajado menos, sino todo lo contrario. Además, si a esto le unimos tu sensación de que Lucía podría hacer mucho más de lo que hace en cuanto a la atención y al trato con los clientes, la situación de tu empresa comienza a superarte y por momentos te planteas si realmente era eso lo que estabas buscando.

»Además, como ocurre en ocasiones, cuando las cosas marchan mal y piensas que podrían ir peor así sucede. Una mañana llega una inspección de trabajo a tu negocio, Juan y Lucía estaban en su puesto de trabajo, por lo que no debería existir mayor problema, sin embargo, algo te dice que las cosas podrían no haber salido tan bien como tú creías tras la visita del inspector. Decides llamar a tu amigo y comentarle lo ocurrido, y es en ese momento donde descubres por qué solo dos de cada diez proyectos emprendedores sobreviven al primer año de vida... A tu amigo se le había pasado formalizar la situación laboral de Lucía, una serie de situaciones adversas le habían impedido hacerlo, por lo que legalmente ella no debería estar trabajando aún. Además, justo en ese momento, te confiesa que una empresa como la tuya con varios empleados es algo que para él se hace muy complejo de gestionar, por lo que será mejor que busques a otro profesional. Te ha dejado claro que los seis mil euros de multa que probablemente te generen la situación ilegal en la que se encontraba Lucía no son su responsabilidad desde ese mismo momento.

»Sales de tu despacho, miras el salón de tu escuela y descubres a Lucía charlando animadamente con Juan mientras una señora espera a ser atendida, que los cuatro alumnos de Juan le esperan para comenzar y que tus ocho alumnos trabajan animadamente en aquello que les has propuesto mientras telefoneabas.

»No es eso lo que esperabas crear. Piensas que realmente no era una buena idea, y tu proyecto comienza a derrumbarse...

»Y entonces vuelves a las dos opciones que normalmente todo emprendedor que comienza a fracasar se plantea:

1.- Volver al principio y ser él y su trabajo.
2.- Olvidarse de la idea y buscar otra o volver a incorporarse al mundo laboral como trabajador asalariado.

»¿Cuál te resulta más atractiva, Toni?

—Realmente, este sería un nuevo fracaso en mi vida como emprendedor... Creo que volvería a buscar un trabajo, no me atrevería a empezar de nuevo.

—¿Y si te dijera que la mejor opción en este caso es la primera? Simplemente porque empezaste en algo donde tenías pasión, donde disfrutabas con lo que hacías. Si tu negocio es capaz de hacerte disfrutar, no debes buscar más, pero la segunda parte de esta historia es que, si no sabes cómo hacerlo, hay muchas opciones de que no lo consigas, aunque seas un gran profesional, aunque seas un enamorado de tu profesión. ¿Y sabes por qué?

—¿Por qué? —pregunté sabiendo que la respuesta que me daría mi hermano sería la solución a toda problemática planteada.

—Porque para ser contratado por una empresa basta con que seas un gran profesional, un buen técnico en aquello a que te dediques. Sin embargo, para gestionar un negocio el técnico debe dejar paso al emprendedor, al administrador, al gerente de la empresa, y todos esos puestos en muchas ocasiones son incompatibles con el de técnico, por lo que simplemente muchos emprendedores deciden olvidarlos y dedicarse SOLO a lo que saben hacer mejor, trabajar EN el negocio, pero no PARA el negocio. Y este comienza a asfixiarte al igual que lo hacen las grandes serpientes al atrapar a sus presas, te va dejando sin aire para, finalmente, acabar engulléndote. Desapareces, víctima de tu propio negocio.

—Pues sí, así me sucedió, pero sigo sin saber qué hacer, cómo evitar esa muerte anunciada. ¿Trabajar yo solo sin permitir que mi negocio crezca?

—Bueno, es una opción, no es la mejor, pero es la opción que te proporcionará trabajo mientras TÚ trabajes, no será tu negocio, será TU TRABAJO. Y aunque esté bien, tiene muchos riesgos, ya que este modelo de autoempleo solo genera ingresos mientras estés trabajando. —Y sonriendo continuó—: Por eso muchos médicos recomiendan a sus pacientes que, para no estar enfermos, se hagan autónomos. Este es uno de los chistes más comunes de Robert, ¿no te lo ha llegado a decir aún?

—No —respondí sonriendo—, pero tiene toda la razón, me pasó en mi época de *freelance*, perdía mucho dinero cada vez que enfermaba o tenía una lesión.

Tras un silencio provocado por Robert. Volví a preguntar.

—Entonces, ¿qué me recomiendas? ¿Cómo crees que debo comenzar para montar al menos un pequeño negocio?

—Lo vamos a ver, pero lo primero es pensar que no vas a montar un PEQUEÑO negocio, los únicos negocios que funcionan son los que se hacen como GRANDES negocios. Quizás finalmente no llegues a tener una empresa con cientos o miles de empleados, quizás no llegues a tener franquicias distribuidas por el mundo, pero tu modelo de negocio debe cumplir con los mismos requisitos que cumplen estas grandes empresas, solo así podrás disfrutar de tu pasión, podrás disfrutar de tu negocio.

»Déjame que te enseñe, te sorprenderán los resultados que serás capaz de obtener solo por dar los pasos correctos en la creación y puesta en marcha de tu proyecto, comencemos…

## CAPÍTULO 7

## *La misión*

*"No hay buen viento para quien no sabe a dónde va"*

**Séneca**

Al día siguiente Ángel llegó a casa y me trajo un folio en el que aparecía un gráfico con los cuatro pilares del cuadrante empresarial que ya me había comentado y algunos conceptos más escritos en su interior. Esperaba que pasáramos la mañana juntos y me hablase de todo lo que necesitaba aprender, tal y como habíamos visto, pero de nuevo su metodología volvió a sorprenderme.

—¡Buenos días! ¿Qué tal, hermano? —Y me abrazó como hacía en cada reencuentro.

—Bien, con muchas ganas de comenzar, de aprender —respondí.

—Genial, vamos a ver cómo podemos crear un negocio que viva para nosotros y no una vida para un negocio como terminamos montando ayer. Mira lo que te he traído, Toni, esta es la base de todo proyecto emprendedor, sea del tipo que sea. Da igual que vayas a crear una escuela de dibujo, un restaurante o una cadena hotelera, sin este cuadrante una empresa no tendrá futuro en el mercado, o lo que es lo mismo, comenzará a funcionar teniendo los días contados. Y no queremos que este sea tu caso, así que vamos a empezar desde abajo, creemos unos cimientos sólidos para tu proyecto emprendedor, con esto vamos a crear la base de una empresa de éxito.

»Hoy comenzaremos definiendo la MISIÓN de tu empresa. —Y me señaló al lado del gráfico donde aparecía esta palabra—. Es muy importante que tengas claro este punto, pues será lo que realmente defina qué estás haciendo, por qué y para quién lo haces. De esta forma localizar a tus clientes, tu nicho de mercado e incluso a tu equipo, te resultará mucho más sencillo y efectivo. Te dejaré hasta la noche, si te parece nos veremos en casa a eso de las nueve y hablaremos de lo que te hayas propuesto allí mismo, tengo algo que me gustaría ver contigo en casa.

—Muy bien, lo tendré elaborado para esa hora.

—Y Rosa, ¿está por aquí o ha salido de viaje?

—Está aquí, aún. Saldrá mañana para Londres, estará fuera solo un par de días.

—Ok, la veré esta tarde entonces.

La manera en que Ángel me preguntó por Rosa me hizo pensar que quizás estaba planeando algo acerca de mi formación como había hecho hasta entonces, aunque imaginé que me estaría equivocando ya que, tal como me dijo, él estaría a mi lado hasta que termináramos de definir mi futuro laboral.

En cuanto Ángel se marchó comencé a trabajar en la redacción de la misión de mi empresa, ya que pensaba que sería complejo, pero, muy al contrario, no me resultó nada complicado.

Pensé que, si me planteaba una serie de preguntas a las que dar respuesta en la redacción de la misión, me resultaría más sencillo, y así fue. Comencé planteándome la pregunta: ¿qué voy a hacer? ¿Qué voy a aportar a los demás? Luego también me planteé la respuesta a la pregunta: ¿por qué debe existir mi empresa? Y acabé cuestionándome el: ¿cómo va marcar la diferencia en el mundo lo que haga? Y el resultado me encantó:

*La misión de mi empresa será apoyar en el aprendizaje de técnicas y estrategias, tanto de dibujo artístico como de* marketing *digital, que sorprendan y enamoren al alumnado, y siempre desde la ilusión, el optimismo y el amor por lo que hagamos.*

No sé cuántas veces la retoqué, pero mereció la pena, el resultado final me llenó de ilusión y entusiasmo.

El resto de la tarde lo disfruté leyendo el último libro que me había regalado Ángel, no podía imaginar lo que, poco después, descubriría en mi casa, la casa de mis padres.

*\*\*\**

Llegué poco antes de la hora a casa y Ángel ya estaba allí.

—¿Qué tal? ¿Cómo ha ido la tarde y tu trabajo?

—Bien, me ha resultado mucho más fácil de lo que esperaba, no sé qué te parecerá.

—Si tú te sientes satisfecho con ella estará bien, yo no puedo determinar cuál será la misión de la empresa que vas a crear tú, solo podría orientarte a hacer pequeñas modificaciones que te acerquen a tus valores y a la visión que te quieras plantear, pero muy probablemente lo que hayas elaborado esté genial. Déjame leerla.

Tras leerla Ángel me habló como habitualmente lo hacía, con su eterna sonrisa.

—Me encanta, está genial, hermano, además, sin saberlo, has sabido enlazarla a tus valores. La misión de una empresa va siempre muy unida a otros dos conceptos, visión y valores. Los valores pienso que ya los tienes determinados, puesto que no podrán apartarse mucho de tus propios valores personales. Deben ser aquellos que te gustaría transmitir a la sociedad gracias a tu labor profesional, y estos no pueden estar lejos de aquellos que elegiste como propios, puesto que servirán de guía y de impulso en tu dedicación diaria.

»Te dejaré un par de días para que determines los valores de tu empresa, así como la visión.

»La visión de una empresa es el planteamiento futuro de la misma, las metas y objetivos que alcanzar en medio y largo plazo. Por eso hemos venido aquí, hermano, porque hay algo que quería ver contigo desde hace ya mucho tiempo.

»Bueno, antes de pasar a ese otro aspecto de la visión, que creo que te va a sorprender, ¿tienes claro que dentro de un par de días tendrás que tener elaborados los valores que perseguirás en tu empresa, así como las principales metas y objetivos que alcanzar en vista a uno, tres, y si lo deseas, hasta cinco años? Será esta tu visión empresarial, por lo que cerraremos uno de los lados del cuadrado, localizando la MISIÓN, visión y valores.

—Sí, claro, lo podría tener antes incluso.

—Pues mejor, me encanta la velocidad. Ahora quiero que veas algo...

Y Ángel se dirigió al que fue el cuarto de mis padres durante toda nuestra infancia, el único de la casa que aún permanecía como yo lo había conocido, nada había cambiado en él. Parecía que allí el tiempo se hubiera detenido y, al entrar, pudiéramos volver al pasado, regresar a mi infancia, recordando las noches en que las pesadillas me obligaban a salir de mi cama y buscar seguridad en aquella habitación, en aquella cama, entre mis padres.

No sabía por qué Ángel y Tía Lui habían decidido respetar aquel dormitorio de esa forma y no realizar cambio alguno en todo este tiempo, pero a mí me fascinó el día que volví a casa. Lloré de emoción cuando entré por primera vez a mi regreso e incluso pude sentir el aroma, el olor suave de aquel cuarto, elegido por mi madre para perfumarse antes de salir de casa cada día.

Sin pedírselo, Ángel pareció leer mi pensamiento y me explicó por qué nunca modificaron nada de aquella habitación.

—Tía Lui nunca quiso ocupar el lugar de la casa de papá y mamá y, con el paso del tiempo, descubrimos que esta habitación seguía siendo para los dos un lugar de encuentro con ellos, un espacio donde hablar, donde expresar nuestros sentimientos, contar nuestras experiencias a papá y mamá como si nos escucharan aún, como si continuaran aquí, dispuestos a escucharnos y aconsejarnos cada vez que lo necesitábamos... Ya hace años que no mantengo esas conversaciones con ellos, pero en aquellos primeros años este sitio me ayudó a reponerme de muchos contratiempos, a llorar muchas de mis penas y, en cierta forma, a sentirme consolado y recobrar las fuerzas perdidas tras cada caída.

»Cuando hace unos años remodelamos la casa, decidimos continuar con la idea de aquel momento y no modificar nada. Y sabes, lo hice en parte por ti, Toni, sabía que algún día volverías y te gustaría ver esta habitación así, tal y como la dejaste, tal como yo la viví por muchos más años que tú. Por eso no me atreví a no permitirte volver a tu niñez el día en que regresaras.

»Algunos de los cajones aún guardan recuerdos de nuestra niñez, no todos los hemos vaciado, ciertas pertenencias de papá y mamá siguen ahí como aquel día de nuestro cumpleaños. Y uno de ellos guarda algo que descubrí al poco tiempo de tu marcha, pero no sé por qué decidí no abrirlo hasta estar junto a ti. Han pasado más de treinta años, no puedes imaginar cuántas veces he estado tentado a desvelar su contenido, sobre todo aquellos primeros años donde descubría la carta y todas sus enseñanzas, pero algo siempre me decía que no lo podía ver si no era a tu lado, que solo así conseguiría volver a estar junto a ti, manteniendo la promesa que un día, con tan solo quince años, me autoimpuse.

»Mira.

Y abrió el último cajón de la gran cómoda que, en un lateral de la habitación, acompañaba a la cama de nuestros padres.

En él había carpetas y papeles descoloridos por el paso del tiempo. Introdujo la mano bajo algunos papeles y sacó una carpeta azul, con el nombre Tableros de Visión escrito a mano con la letra inconfundible de mamá.

—Solo la he visto un par de veces, no fui capaz de volverla a abrir, no podía parar de llorar cada vez que la veía. Te sorprenderá todo lo que hay en ella. Ábrela tú. —Y me la entregó con tanta emoción que sentí una sensación extraña en mi estómago, mezcla de miedo e ilusión por descubrirla. Sabía, porque ya me lo había contado Ángel, que aquella carpeta contenía los Tableros de Visión que mis padres habían elaborado a lo largo de sus vidas y que muchas de las imágenes que contenía se hicieron realidad con el paso del tiempo, pero jamás había imaginado de qué forma fueron capaces de programar, de predecir sus metas y objetivos de vida.

Los primeros estaban elaborados en folios sobre los que habían pegado fotografías, dibujos y textos escritos por ellos mismos, mientras que otros, los más avanzados en el tiempo, estaban hechos en cartulinas sobre las que, del mismo modo, pegaban la representación de los sueños que deseaban cumplir.

Y sí, la mayoría se habían cumplido.

Allí, en el tablero número uno, aparecía entre otras cosas nuestra casa, nuestra propia casa antes de que la compraran. Era una foto de mamá que, con poco más de veinte años, sonreía en la puerta de nuestra casa, invitando con ambas manos a pasar al interior de la misma. También en este tablero aparecía un coche que yo no llegué a conocer, y lo más sorprendente, el nombre de la empresa donde mamá había trabajado durante toda su juventud.

Uno a uno fuimos viéndolos todos entre risas y expresiones de asombro, porque la mayoría de los deseos que ahí se representaban sabíamos que, de una u otra forma, se habían hecho realidad para ambos.

Viajes, objetos, cursos, formaciones, ascensos laborales, el inicio de su empresa, los objetivos de crecimiento... Toda una vida representada por un catálogo de imágenes y textos recurrentes.

Solo había un tablero que, separado de los demás, Ángel había incluido dentro de otra carpeta. Era el último tablero, el número veinticuatro, aquel que según las imágenes del anterior sería el que nuestros padres estarían visualizando o quizás creando en el momento de su fallecimiento.

Hasta ese momento, la experiencia de ir viendo cómo nuestros padres fueron capaces de crear su futuro había sido divertida y conmovedora, pero al llegar a esa carpeta la emoción con la que mi hermano la sostenía me hizo comprender que aquello que íbamos a descubrir era lo único que nuestros padres no llegaron a materializar, su partida terminó antes de tiempo, marcharon cuando aún la vida les debía muchos años de juego, pero así estaba escrito, no tuvieron otra oportunidad, su tablero había quedado a medias. Sabía que, en ese último, estarían incluidos deseos que por desgracia ninguno de los cuatro llegamos a disfrutar, al contrario de la gran mayoría de lo que mostraban los veintitrés anteriores, en este todo o casi todo habría quedado pendiente.

Ángel me pidió que fuese yo quien lo abriera.

—He esperado mucho este momento, por favor, descúbrelo tú.

—Gracias. —Sabía lo que la espera había tenido que suponer para él. Yo no conocía la existencia de estos tableros, pero él llevaba casi treinta años esperando este momento, y muy probablemente, dada mi actitud, en muchas ocasiones habría pensado que esta situación jamás llegaría a darse.

Por suerte, muchas cosas habían cambiado para mí y, tal como él había deseado, ahí estábamos los dos enfrentándonos al pasado, a un futuro que por desgracia jamás llegó a suceder, un futuro que no existió en la línea del tiempo de quien lo creó.

Lo abrí y esta vez sí, la emoción de las imágenes llenó mis ojos de lágrimas. No hubo palabras, durante un buen rato ambos nos dedicamos a mirar, a observar aquel *collage* de imágenes y llorar de emoción. Juntos fuimos compartiendo cada uno de los sueños que ahí aparecían...

Lo primero que comentamos fue el dibujo de nuestro campamento en Los Ángeles, ellos ya lo habían planeado, pero por desgracia tuvieron que pasar muchos años para que cada uno de nosotros, de forma separada, llegásemos a aquella hermosa ciudad.

—Este sueño fue el que acabó con sus vidas. —Mi hermano señaló hacia la fotografía de los Ángeles—. Eran los billetes que fueron a abonar a Barcelona el día que tuvieron el accidente. Nos los regalarían esa noche. Me lo contó Tía Lui meses después. Encontraron los billetes y la reserva del campamento que apareció en el coche, pero Tía Lui los guardó para siempre y anuló nuestras plazas, sabiendo que no era momento de despegarnos de su lado.

—Justo lo contrario a lo que yo hice... No sabes cuántas veces me he preguntado por qué tuvieron que ir a Barcelona aquella noche, aunque mi consuelo siempre fue ese, que habían ido a comprarnos un regalo importante. Acerté.

El silencio me llevó a descubrir otra de las imágenes del tablero que me resultó también muy llamativa, papá se había planteado escribir un libro, porque uno de los textos escritos de su puño y letra decía "Mi primer libro", y, bajo esta afirmación, su rúbrica perfectamente legible. No sabía que tuviera esa afición escondida, pero viendo la forma en que había redactado "La carta", estoy seguro de que hubiera sido un gran escritor.

Mamá, por otro lado, había considerado la posibilidad de viajar a África con Tía Lui, ya que allí, en una de las maravillosas fotos que solo nuestra tía era capaz de sacar, mamá había hecho un curioso montaje y, justo junto a Tía Lui y un gran elefante gris, había colocado su imagen recortada de otro lugar cuyo fondo era algo similar.

Otras cosas como nuestro viaje pendiente a Venecia o un nuevo acuerdo, al parecer ambicioso y millonario, con una de las empresas que negociaban con mamá, cerraban aquel círculo fechado justo tres meses antes de nuestro cumpleaños.

Pero hubo algo que nos sorprendió y nos erizó la piel a ambos, tuvimos que observarlo un par de veces para descubrir que en una de las esquinas de aquella cartulina la nueva vivienda que nuestros padres habían planeado adquirir cerca del mar, aquel deseo que mamá en alguna ocasión había comentado pero nunca nos planteó de forma definitiva, ya la habían visualizado con un par de fotografías en su tablero de visión y, gracias a esas dos simples fotos, nos volvimos a chocar de bruces con la ironía del destino.

Allí, recortado de la revista de lo que podría ser una inmobiliaria, aparecía la fotografía de un edificio y subrayado con bolígrafo uno de los áticos. Junto a ella estaba otra fotografía tomada desde la propia terraza, con vistas al mar, de este piso señalado. En Sitges podría haber más de mil áticos con vistas al mar, pero justo aquel lo conocíamos y fue esto lo que nos dejó helados. Ese piso era justo el que hacía unos años había comprado Rosa, el mismo que ahora se estaba convirtiendo en mi hogar. Tres décadas después de haberlo planteado, aun sin que ellos estuvieran presentes, su deseo se había hecho realidad, Dios, el Universo, la Energía, como quiera que fuera, había hecho que pudiéramos disfrutar de aquel piso que ambos soñaron para nosotros, el mismo en que ellos pusieron su atención. Comprendí ahí hasta dónde puede llegar el poder de la visualización, el poder de la energía plasmada en imágenes lanzadas a nuestro subconsciente, y recordé que el tiempo solo existe en esta dimensión física que disfrutamos y que para Dios, para el universo, el tiempo es relativo, por lo que todo llega justo cuando debe llegar, ni antes de después, solo en el momento correcto.

Terminamos de repasar aquel tablero de visión, aquel que nunca pudieron disfrutar, tal como empezamos, llorando, pero dándonos cuenta de que fue tan grande el poder de creación de nuestros padres, que nos dejaron sus deseos como legado y muchos de ellos de una u otra forma se habían hecho realidad tras su marcha.

# CAPÍTULO 8

## *La pasión...*

*"Un deseo débil trae resultados débiles, de la misma manera que una pequeña cantidad de fuego crea poco calor".*

Napoleon Hill

A la mañana siguiente, y tras contar a Rosa nuestro descubrimiento de la noche anterior, tuve que llevarla a casa a que viera el tablero de visión de mis padres y descubriera por ella misma cómo el ático en el que vivíamos era justo el que les enamoró años atrás. El hallazgo le resultaba tan impactante, que deseaba verlo por ella misma.

Allí nos esperaba Ángel, que nos acompañó nuevamente en la revisión de aquella hermosa cartulina repleta de sueños y metas. Esto me hizo pensar y plantear la pregunta a mis dos mentores.

—Y ustedes, ¿tenéis tablero de visión?

Los dos sonrieron y se miraron antes de responderme afirmativamente. Tras esto ambos buscaron su móvil y me mostraron unas fotografías cargadas de elementos y textos que no me atreví a observar con detenimiento por pudor.

—Jamás te diríamos que hicieras algo que nosotros no hagamos, Toni —comentó mi hermano—. Yo espero que tú también tengas el tuyo.

—Pues no, lo siento, pero desde aquella vez que me lo comentaste no me he vuelto a plantear el crear un mensaje tan claro y visual. Tengo mis metas, mis afirmaciones, pero no he parado a elaborar mi propio tablero tal y como lo tenéis o lo preparaban papá y mamá. Pero me encanta y creo que lo voy a dibujar en uno de mis lienzos.

—¡Genial! Me encantará ver la evolución de tu visión, ¿me dejarás verlo? —A Rosa pareció enamorarle la idea.

—Por supuesto, ¿qué podría ocultarte yo después de todo lo que me has dado? —respondí agarrando la mano de la mujer que había cambiado mi vida.

—Recuerda, Toni, lo que hemos hablado en otras ocasiones. —Mi hermano continuó instruyéndome—. De cómo hay ciertas personas con las que comentar este tipo de acciones y otras muchas cuyo nivel de conciencia aún no les permite comprender el funcionamiento de nuestra mente, por lo que este tipo de planteamiento está muy lejos de su realidad, tan lejos que pueden perjudicarte, bajando tu nivel de energía y modificando en tal forma tu vibración que haga que te apartes de todos tus objetivos.

»Así que, al igual que hacemos nosotros, habla de tu tablero de visión, tus metas y en general todas tus propuestas de futuro solo con aquellos que compartan tu vibración, aquellas personas que sabes que te apoyarán en todo, independientemente de cuáles sean tus planteamientos. Ellos pueden impulsarte a alcanzarlos, debido a que, al hacer público alguno de tus objetivos, lo estás cargando de presión social, ya que, de esta forma, además de la valía personal que pudiera tener tu planteamiento, sentirás la presión de no defraudar a quienes te oyeron plantear tu propuesta y sintieron que lo podrías conseguir.

Tras aquellas palabras, me quedó aún más claro cómo debía enfocar mi comunicación con algunas personas que me estaban demostrando que nada de lo que les dijera o propusiera les parecía bien y que, además, debido a sus creencias limitantes, sería muy difícil hacerles ver la realidad de forma distinta a como ellos mismos la planteaban. Yo, en cambio, estaba deseando llegar a casa y comenzar mi lienzo, aquel lienzo en el que soñaría mi futuro. Aquel, mi primer tablero de visión, lo dibujaría desde la terraza del ático que un día, hace ya muchos años, mis padres dibujaron en el suyo.

*"La principal causa por la que la gente no consigue lo que quiere es porque no sabe lo que quiere".*

T. Harv Eker

—Estás deseando comenzar a crear tu lienzo ya, ¿verdad? —me preguntó Rosa al observarme concentrado en mis pensamientos.

—Sí —respondí sonriendo y lleno de ilusión.

—Es la importancia de la PASIÓN, hermano, es de lo que te hablará Rosa hoy. Ves, esa sensación que tienes ahora por crear te permitiría estar horas delante de tu lienzo dibujando tu tablero y no necesitarías más incentivos, como sueldo u otro tipo de recompensa, que el simple acto de realizar aquello que te gusta. Es por esto que otro de los lados del cuadrante es TU PASIÓN. Sin ella, una empresa no tiene futuro, un emprendedor que no entra a un proyecto por pasión comienza ya con un pie fuera. Pero bueno, será "La Cenicienta" quien te lo explique mejor. —Y juntos nos fundimos en unas risas, recordando aquellos años de adolescencia.

***

***"La gente raramente tiene éxito en algo antes de divertirse en lo que hace"***

Dale Carnegie

—Toni, ¿tienes ganas de hacer surf?

—¡Guau! Ni te imaginas, pero el tiempo ha pasado tan rápido desde que llegué que no he parado a buscar opciones. Nuestras playas nunca han sido muy dadas al surf, pero imagino que habrá otros lugares donde sí.

—Claro, un poco más al norte, a veinte minutos en coche, hay varias escuelas de surf que te gustarán, allí se practica durante todo el año. Robert, cuando está por aquí, pasa más tiempo por allí que en Sitges.

—¡Robert! No sé nada de él, ¿cuándo vuelve?

—Hablé con él hace unos días y me dijo que volvería pronto, pero no me concretó nada, al parecer estaba terminando una formación en el norte de Italia.

—Cuánto me reí con él. Espero poder mostrarle de lo que soy capaz sobre una tabla, no te imaginas el esfuerzo que me supuso mantenerme sobre ella y avanzar unos metros.

—Pues a eso vamos, preguntaremos en un par de escuelas a ver cuál te gusta más y así, pronto, puedas continuar aprendiendo, ¿te parece?

—¡Claro! Me encanta la idea, ¡vamos!

Y de este modo, con la ilusión de un niño que sale a jugar al parque, llegamos a la playa donde las olas permitían la práctica del surf. Acababa de descubrir que vivía a menos de veinte minutos de este paradisíaco lugar. Decenas de deportistas en el mar confirmaron lo que me había adelantado Rosa, y mi sonrisa al bajarme del coche delataba que habíamos llegado adonde un amante del surf, como yo, le gustaría vivir.

—Vamos a visitar dos escuelas de surf, Toni, yo ya las conozco, he venido con Robert alguna vez, pero me gustaría que fueras tú el que pidieras información y buscaras lo que necesitas para continuar con tu aprendizaje. Yo solo te acompañaré a las dos escuelas que quiero que preguntes, ¿te parece bien?

—Todo lo que tú digas me parece genial —respondí sin perder mi sonrisa ni la mirada al mar. Disfrutaba viendo a los surfistas dominar las olas. Rosa sonrió y me agarró de la mano mientras caminábamos hacia la playa.

La brisa marina, el empuje de las olas, el olor, los sonidos del mar, de aquella playa, me demostraron, tal y como me había confirmado aquella chamana, hija de Wakanda, que mi alma pertenecía al mar, que allí me sentía libre, en plenitud. Y por un momento me detuve y solo observé, disfruté de aquel hermoso paisaje, cerré los ojos y agradecí a Dios por estar allí, junto a la mujer de mi vida, una vida que por fin me sonreía.

Cuando volví a abrir los ojos, Rosa me miraba sonriendo, me besó y me animó a continuar caminando hacia una de las escuelas de surf.

El local y las tablas que mostraban en la entrada parecían totalmente nuevos, en esta escuela cuidaban del material y de la imagen de su negocio; me recordó a las lujosas escuelas de Malibú, donde meses antes había descubierto este bello deporte.

Entramos y justo al fondo de ese pequeño local, que hacía las veces de oficina, tienda y vestuario a la vez, se encontraba un chico que no se percató de nuestra entrada hasta que le saludamos.

—¡Hola, buenos días!

—Buenos días. —El tipo parecía un poco serio o muy preocupado por la tarea que tenía entre manos, unos cuadrantes horarios o turnos de las clases de la semana parecía.

—Me gustaría comenzar a dar algunas clases de iniciación y no sé si tendrían plazas en su escuela.

—Para principiantes está completo, comenzamos otro turno en tres semanas —me contestó sin levantar la vista de su cuadrante horario y mientras hacía otra anotación.

—Bueno, exactamente principiante no sería, he practicado ya algo y soy capaz de mantenerme en la tabla.

Me miró de arriba abajo y, tras comprobar que por mi aspecto físico y el desconocimiento al respecto de mi nivel este podría ser cualquiera, me respondió un poco enfadado:

—No sería principiante entonces, si ya mantienes el equilibrio es que has practicado y este grupo parte de cero. Puedes ser iniciación o intermedio, tendría que verte y entonces ubicarte en un grupo. De todos modos, ahora están todos completos y hasta dentro de tres semanas no comenzaremos con nuevos grupos. —Y tras darme esta información continuó con su importante labor.

—Ok, ¿y para hacer esa prueba cuándo tendría que venir?

Levantó la mirada nuevamente y soltó el bolígrafo, esta vez, al hablarnos, parecía decirnos que nos marcháramos ya y volviésemos en dos o tres semanas, cuando todo fuera a comenzar, que lo dejásemos de una vez, puesto que estaba muy ocupado. Eso nos dijo su cuerpo, su voz dijo algo distinto:

—Tendrías que venir un día entre las diez y las once o las cuatro y las cinco, estamos aquí de lunes a domingo. —Y quedó a la espera de alguna nueva pregunta. Cosa que por supuesto ninguno de los dos nos atrevimos a hacer.

—Muy bien, pues ya vendré a hacer la prueba y veremos qué nivel tengo, muchas gracias.

—De nada.

—Buenos días. —Se despidió también María. Para ella no hubo respuesta. Ese señor ya había vuelto a introducirse en el apasionante mundo de los cuadrantes semanales y cualquier interrupción podría retrasar de nuevo su trabajo.

> *"La gente exitosa siempre busca la oportunidad de ayudar a los demás. La gente que fracasa siempre pregunta: ¿y yo, qué gano?".*
>
> Brian Tracy

—Creo que será difícil que comience en esta escuela, ¿no crees? —pregunté de forma irónica a María. Ella sonrió e intentó excusar al dependiente.

—Parecía que lo hemos pillado en un momento en el que necesitaba concentración para cuadrar todos los turnos de clases y demás. Pero no te preocupes, vamos a aquella otra escuela a ver si allí tienes más suerte.

La siguiente escuela estaba a tan solo doscientos metros caminando por la playa y, al igual que la primera, el pequeño chiringuito que hacía de oficina estaba rodeado de tablas de todos los tamaños y colores. Este, a diferencia del primero, tenía un estilo un poco más informal, un toque más hawaiano, y el espacio que ocupaba era algo menor al anterior. En la puerta un joven daba cera a una de las tablas.

—Hola, buenos días.

—¡Buenos días! —El joven nos saludó efusivamente y de inmediato dejó lo que estaba haciendo y se acercó a atendernos—. ¿En qué os puedo ayudar?

—Pues me gustaría practicar surf y aún estoy iniciándome, aunque ya soy capaz de navegar hasta la orilla con algo de suerte.

El joven, tras reírse de mi explicación, me contestó amablemente.

—Genial, bueno, yo soy Pol, encantado. —Me extendió la mano, primero a mí y luego a María, por lo que también nos presentamos—. Creo que lo mejor sería que realizaras una prueba de habilidad y, una vez comprobemos qué nivel tienes, te decidas por comenzar en un grupo de aprendizaje o recibir clases individuales, que serán con las que avances más rápido. ¿Has practicado mucho?

—No, solo estuve unos quince días, pero la verdad que fueron muy intensos, no sabría decirte cuántas horas le dediqué en esas dos semanas.

—Dos semanas, pues sí, fuiste rápido, ser capaz de surfear mínimamente en ese tiempo está bastante bien. Pues aquí, en cuando lo desees, puedes hacer tu prueba de nivel y comenzar, si eliges de forma individual, esta tarde podemos estar contigo, si es en grupo tendríamos que ver en qué nivel estás.

—Pero la prueba, ¿cuándo la podría hacer?

—Cuando quieras. —Y señalando al mar continuó—: Aquí no hay horarios, las olas no descansan y soy yo mismo quien te dirá el nivel que tienes, así que cuando quieras, hasta las cinco de la tarde estaré aquí y luego si quieres nos podremos ver entre las olas.

Miré a Rosa sorprendido y esta, sonriendo, me animó.

—Vamos, ¿quieres probar ahora?

—Pero no traigo ropa ni nada para cambiarme.

—No te preocupes por tu ropa, Toni, tenemos toallas, bañadores, trajes de neopreno, duchas... Saldrás de aquí tal y como has venido, pero sabiendo en qué nivel estás y cuándo comienzas tus clases. Piénsatelo, quizás mañana esté lloviendo y ya no puedas venir.

Sonreí de nuevo, aquel joven realmente sabía vender sus servicios, había despertado en mí aún más ganas por surfear de las que ya tenía antes de llegar a su escuela.

Una pareja se acercó a nosotros desde la orilla con sus tablas bajo el brazo y saludaron a Pol con la mano.

—Disculpadme, voy a atender a estos chicos que terminan. —Y mirándome continuó—: Toni, si te decides avísame, tengo una tabla para ti que te encantará.

De nuevo, una sonrisa nerviosa me invadió, miré a Rosa, ya que en mis planes no entraba hacer surf ese día, pero por otro lado me gustaba tanto y Pol nos lo había ofrecido con tantas facilidades que me costaba aplazar la propuesta.

—Vamos, Toni, aprovéchalo, no tenemos prisa y hace tiempo que querías volver a coger una tabla, ¿no? A no ser que prefieras comenzar otro día en la escuela anterior, ¿en cuál empezarías?

—Hombre, Rosa, ¿qué piensas? Pol es un encanto y todo han sido facilidades.

—Pues fíjate, conozco a los dos, uno de ellos es el dueño, otro un empleado. ¿Quién es quién?

—Está claro, esta es la escuela de Pol y el chaval anterior es un empleado de esa otra —respondí con seguridad.

Rosa sonrió.

—Pues no, esta es la escuela de Pol, pero él es un empleado, todos le conocen, pero no es más que un miembro del equipo de esta escuela. En cambio, en la primera, nos atendió el mismo propietario, es suya, pero la gestiona de forma distinta, ¿verdad?

—Claro, imagino que por eso estaba tan ocupado. Pero su actitud no es justificable, creo que perdió un cliente al tratarnos así.

—Como te he dicho, llevo años conociendo a los dos y sé que a ambos les encanta el surf, pero su actitud no es la misma. A Pol le apasiona su profesión, la atención al público, ver cómo sus clientes aprenden a surfear y muchos de ellos acaban convirtiéndose en sus amigos, en cambio, a Yeral solo le preocupa que se cumplan los horarios, que todo esté bajo control y sus clientes den cada una de las clases que contraten. La ACTITUD es muy distinta y esto lleva a RESULTADOS muy distintos. Pol gestiona una de las escuelas con más clases particulares de la zona y la mejor valorada, Yeral gestiona una escuela que funciona, pero no deja de ser una escuela más. Esto no es exactamente el reflejo de la sociedad y del mundo empresarial, podríamos dividir en estos dos grandes grupos la mayoría de las pequeñas y medianas empresas. Deberás decidir de qué lado estará la tuya, tu negocio. Del lado de la pasión por lo que allí se haga, de la actitud de servicio y de ofrecer siempre algo más de lo esperado, o del lado donde producto y servicio cumplan los mínimos esperados por los clientes, pero la pasión no sea relevante.

»La sociedad ha cambiado, Toni. Fíjate, en esta línea de playa, en menos de un kilómetro, hay cinco escuelas de surf, pero, además, si entras a buscar en Internet descubrirás que hay personas que ofrecen clases privadas, ¡podemos elegir! Y esto no es más que una muestra de nuestra realidad empresarial, hay tanta diversidad que finalmente solo sobrevivirán aquellos que lo hagan con pasión, con amor al servicio y a aquello que hacen, el resto serán uno más, y aunque probablemente perduren en el tiempo por la gran demanda existente, jamás alcanzarán los resultados de aquellos que lo viven y lo hacen de corazón.

»Por esto y por nada más es tan importante que aquello a lo que te dediques vaya alineado a tu pasión; si desarrollas tu pasión dentro de tu profesión, créeme, jamás sentirás que trabajas, y eso marcará tanto la diferencia, que todos, al igual que sucede con Pol, querrán trabajar contigo.

> *"La única manera de hacer un gran trabajo es amar lo que haces. Si no lo has encontrado, sigue buscando. No te conformes"*
>
> *Steve Jobs*

—Pues sí, tienes toda la razón, es un gran profesional y se nota que le encanta lo que hace, aunque no todo el mundo es así, el propietario de esta escuela ha tenido suerte al encontrar a un tipo como él para su equipo.

Rosa comenzó a reír.

—¿Suerte? ¿De verdad aún crees que los resultados se alcanzan por suerte? Quizás puedas conocer al propietario de esta escuela y te hable de cómo llegó a tener la suerte de encontrar a Pol.

—Perdona, es verdad, aún sigo olvidándome del SAR de Tía Lui, situación, acción, resultado. La suerte hay que crearla.

—¡Bien! —Y sonriendo continuó—: Es así, no hay más, recuerda que todo depende de ti, que eres cien por cien responsable de tu situación actual, del equipo que consigas para tu negocio y del buen o mal funcionamiento del mismo. Si sales a buscar las causas más allá de ti mismo, estarás perdido. —Y de nuevo Pol se acercó a preguntarnos.

—Bueno chicos, ¿qué habéis decidido? ¿Te mojarás hoy o lo dejarás para otro día, Toni?

—Sí, voy a probar, gracias, Pol, me has convencido.

—Estupendo, no te arrepentirás, mira el lema que tenemos en nuestra escuela. —Y señaló hacia la entrada de la tienda. Allí, grabada en una vieja tabla de surf de madera, tenían una frase que ya había escuchado antes: "Las olas son como las oportunidades de éxito, siempre están ahí esperándonos, pero la mayoría no se atreven a cogerlas".

Sorprendido me dirigí a Rosa.

—Esa misma frase me la dijo Robert cuando empezábamos allá en Malibú.

—Y no es casualidad, esta es su escuela de Surf.

## CAPÍTULO 9

# Liderazgo

*"Que parezca que mandan ellos, pero se haga lo que tú digas"*
**Vicente del Bosque**

No me podía creer que Robert tuviera una escuela de surf y que tampoco me lo hubiera dicho, este gigantón era una caja de sorpresas. No paraba de conocer éxitos y logros alcanzados por aquel adulto de corazón de niño con el que había recorrido la ciudad de Los Ángeles, ayudándome a conocerme y a mejorar mi vida como nadie antes lo había hecho. Y lo mejor de todo es que nadie lo diría, la humildad y la sencillez que demostraba en todo lo que hacía jamás te haría pensar que hubiese sido capaz de alcanzar tantos logros.

*"No hay grandeza donde no haya sencillez, bondad y verdad"*
**Leo Tolstoi**

Y allí estaba yo, sintiéndome enormemente feliz, dirigiéndome nuevamente a la orilla con mi tabla bajo el brazo, meses después de aquella primera vez que con tantas dudas lo hacía. Ya era muy distinto, había descubierto la magia que se produce entre el mar y la tabla de surf cada vez que la dominas, avanzaba por la arena con una enorme sonrisa en mi cara y con la ilusión de un niño con juguete nuevo.

Veía cómo algunos surfistas se iniciaban al igual que yo, y otros, los más experimentados, se convertían en el centro de todas las miradas cada vez que se subían a la tabla. Disfrutaba simplemente observando las maniobras imposibles que realizaban sobre las olas. Pero, de pronto, tuve que detenerme. Avanzando entre el oleaje, uno de los surfistas destacaba por encima de los demás, para él todas las olas parecían pequeñas, ya que su silueta casi doblaba a la del resto de compañeros. No cabía duda, ya lo había visto antes, aquel gigante sobre las olas no podía ser otro, Robert había vuelto a casa. Y yo no estaba allí por casualidad.

Lo esperé en la orilla para saludarlo, hacía mucho que no nos veíamos y nuestro reencuentro no podía haberse dado en un lugar mejor.

—¡Robert! —Una mole de dos metros de altura cubierta por una gruesa capa de neopreno se acercaba sonriendo hacia mí.

—¡Ey, Toni, amigo! ¡Vuelves a las olas!

Nos dimos un fuerte abrazo. Allí, a la orilla del Mediterráneo, nos reencontramos meses después, yo seguía siendo un aprendiz, él seguía siendo único.

—¿Cómo estás? ¡No me puedo creer que finalmente te hayas decidido a venir! Esto es solo el principio de una pasión, Toni, deberías saber que ya nada te podrá separar de tu tabla, creo que eso no te lo dije. —Y su fuerte carcajada volvió a sonar como música para mis oídos, ya que me recordó a tantos buenos momentos vividos junto a él. Echó su brazo sobre mis hombros y continuó hablando—. Bueno, cuéntame, ¿ya hablaste con Pol para empezar?

—Sí, me ha dicho que realice una prueba para saber qué nivel tengo.

—Ah, pues genial, estás de suerte, amigo, si algo va mal, tu maestro podrá corregirle a Pol la clasificación que te haga, ahí en el agua está quien te enseñó en Malibú.

—¿Quién? —Por un momento me quedé bloqueado porque en Malibú tuve varios profesores y no podía imaginarme a ninguno de ellos allí junto a Robert.

—Simon, tu profesor particular, aquel que evaluó si habías aprendido o no, quien te entregó tu pasaporte a Nueva York.

—¡No me lo puedo creer! —Simon, aquel amable camarero que tanto me ayudó por las tardes, cuando ya mis clases habían acabado, pero yo continuaba peleándome con las olas y con mi tabla para empezar a surfear. Fue a él a quien Robert dejó toda la documentación de mi viaje, y lo más importante, quien debía decidir si durante esos quince días en Malibú yo había adquirido las destrezas necesarias para la práctica del surf... Fue mucho más que a surfear lo que aprendí allí en aquel magnífico hotel donde trabajaba Simon, donde viví durante casi un mes.

—Sí, ha venido a cerrar un acuerdo, y creo que lo tiene casi hecho, ¿te imaginas un hotel como el suyo, pero aquí en Sitges? —Y sonriendo continuó—: Estaría bien, ¿eh?

Ese hotel era el mejor en el que yo había estado nunca. No solo tenía unas instalaciones inmejorables, también el servicio y la atención al público, en todos los aspectos, eran exquisitos. Cuidaban hasta el más mínimo detalle y hacían que el cliente se sintiera como en casa, pero rodeado de lujos y de todas las posibilidades para su comodidad y la cobertura de sus necesidades. Un hotel así funcionaría allá donde estuviera. Sin embargo, lo que no comprendía era por qué Simon había sido el elegido para negociar el acuerdo, era un gran camarero y mejor persona, pero de ahí a tratar asuntos tan importantes en la otra punta del planeta. No podía entender ese meteórico ascenso.

—Pues sí —respondí —, será un éxito aquí también, seguro. Pero ¿cómo que para tratar un asunto tan importante es el bueno de Simon el que viene y no el CEO o el propietario? —Robert, de nuevo, comenzó a reír a carcajadas.

—Sabía que no te diría nada. Simon es el propietario de ese hotel y de dos más en las mejores zonas de la costa del Pacífico. Su amor por el Surf y por el fútbol nos unió hace unos años. Es muy peculiar, ya lo viste, es capaz de dirigir una cadena de hoteles y, al mismo tiempo, de ser un gran camarero.

De pronto, caí en la cuenta.

—¡Claro! Ahora comprendo por qué el último día ya no llevaba su uniforme, sino un elegante traje. Pero, ¿por qué trabajaba de camarero? —De nuevo Robert comenzó a reír, como de costumbre, a grandes carcajadas, y golpeando mi hombro nuevamente me respondió.

—Eso será mejor que te lo cuente él, si quieres estaremos la tarde juntos, pero antes, ¡vamos! Comienza a surfear, quiero ver hasta dónde has sido capaz de aprender, esperaré aquí observándote.

Y de nuevo me introduje en el mar y descubrí que allí me sentía libre, que tal como me dijo Wakanda ese era el lugar donde mi alma encontraba la paz, la plenitud. Disfruté de las olas, de mi tabla, del frescor del agua en mi piel, del silencio de cada zambullida, del olor a sal que durante tanto tiempo evité, y disfruté como un niño de aquella oportunidad que la vida de nuevo me ofrecía.

Cuando realicé mi último intento y decidí que mi tiempo

de prueba había terminado, comencé a caminar hacia donde estaba Robert. Ya junto a él estaba Simon, esperándome con una sonrisa.

Pensé que era muy afortunado por aquello que me estaba ocurriendo, pero recordé que allí, en la pequeña oficina, me esperaba Rosa, que había sido ella quien me había dado la opción y que, de no ser por mi decisión final de hacer esta prueba, mi suerte hubiera cambiado, esta oportunidad no se hubiera dado en mi vida... Este momento tan afortunado, realmente, lo había creado yo, y también yo había decidido disfrutarlo así... Sonreí y di gracias a Dios, al universo, por permitirme gozar de mi nueva vida, aquella que yo mismo había elegido, aquella de la que por fin me sentía orgullosamente responsable.

> *"El estado de tu vida no es más que un reflejo del estado de tu mente".*
>
> **Wayne Dyer**

—¡Hey, Toni! ¡Qué bien vas! ¡Te veo incluso mejor que la última vez! —Simon, que sostenía su tabla junto a Robert ya fuera del agua, me saludó cuando estuve lo suficientemente cerca de ambos. Su tono era tan familiar y cercano como siempre. No podía creer que aquel camarero tan amable, que tan bien me trató durante mi estancia en Malibú, realmente fuese el propietario de ese hotel de superlujo.

—Gracias —respondí—, al menos intento disfrutar, aún me queda mucho para alcanzaros. —Y sonriendo nos fundimos en un abrazo—. Me alegro de verte de nuevo, Simon. Cuando nos despedimos en Los Ángeles pensé que pasarían años hasta que nos volviésemos a encontrar o que quizás ni siquiera nos volviéramos a ver, no sé si algún día volveré por allí, pero ya ves, es increíble.

Y sonriendo Simon continuó descubriendo lo que realmente ocurrió en aquel hotel de Malibú.

—Yo, en cambio, pensé que sí, que nos volveríamos a ver. Robert y tu hermano me habían hablado tan bien de estas playas y de Barcelona que sabía que pronto viajaría a España y sería muy probable que nos encontrásemos. Aquel tiempo que estuviste hospedado en el Gran Palace Hotel coincidió con mi retiro, con mi vuelta a los inicios, como yo lo llamo. Cada año, durante aproximadamente un mes, trabajo en alguno de mis hoteles como uno más, de camarero o recepcionista, tal y como empecé hace ya bastante tiempo. Esto me permite recordar de dónde vengo, lo que fui antes de llegar a director, y lo más importante, conocer realmente cómo se siente mi gente en su trabajo, desde dentro, viviéndolo en primera persona. Muchos de los que llegan nuevos a mi equipo no descubren quién soy hasta que el último día me ven sin uniforme.

—Eso fue lo que me pasó a mí, el último día te vi muy extraño con aquel traje tan elegante, pero pensé que sería algo normal, relacionado con algún evento puntual.

Simon continuó mientras sonreía.

—Ese sí es mi uniforme habitual. Me encanta mi trabajo, pero aún disfruto más volviendo a mis inicios, siendo el camarero que fui, sintiendo el contacto con los clientes desde una posición mucho más cercana y desenfadada que desde la que habitualmente lo hago. En estos años he descubierto que a las personas se las conoce de verdad cuando hablan con un camarero. Es ahí, en esa conversación informal y de respeto mutuo, donde he podido anticipar acuerdos como este que he venido a cerrar ahora o romper otros con clientes que, cuando aún me veían como el camarero del hotel, se mostraban tal y como eran, dejando a relucir su falsa humildad y su falta de valores, humillando o tratando con desprecio a quien en aquel momento debía ser la persona más importante para ellos, puesto que les estaba facilitando la posibilidad de comer o disfrutar de su descanso, lo que no se merece menos que el mayor de los agradecimientos y reconocimiento profesional.

»Es ese uno de los motivos por los que aún dedico un tiempo a la profesión en la que empecé, aunque no lo hago por eso.

Robert nos interrumpió mientras saludaba con la mano hacia la tienda de Pol.

—Chicos, debemos marcharnos, Rosa nos espera.

—Sí, claro —respondió Simon—. Bueno, ¿y qué tal te va con la tabla, Toni?

—Bien, realmente hoy es mi primer día después de aquella última tarde, no sé qué le habrá parecido a Robert.

Robert me miró sonriendo.

—¿Sabes una cosa, Toni? Que estoy deseando ver a tu hermano para reírme de él un rato, no sé cómo lo habrás hecho, pero has conseguido en dos semanas lo que tu hermano no ha hecho en veinte años, así que enhorabuena, amigo, tienes un nivel más que aceptable.

Y así, pleno de satisfacción y cargado de energía positiva, volví junto a Rosa acompañado de dos seres maravillosos. Caminé sonriendo los casi cien metros que nos separaban de la oficina de Pol y de Robert, no podía hacerlo en mejor compañía. Algo había cambiado en mi vida cuando quienes me acompañaban eran dos de las personas más influyentes y ricas que había conocido y lo que menos me importaba era eso, daba igual que fuesen empresarios, camareros o monitores de surf, eran amigos y a su lado el valor de la amistad, del amor al prójimo, de la lealtad, era lo que realmente te hacía sentir bien, el resto no importaba.

*"Mantente alejado de aquellas personas que tratan de menospreciar tus ambiciones. Las personas pequeñas lo hacen, pero las verdaderamente grandes te hacen sentir que tú también puedes ser grande"*

Mark Twain

Tras conocer que mi nivel de surf era mucho mayor del que yo esperaba, planifiqué mis clases con la ayuda de Pol, y de pronto en mi agenda aparecía lo que hacía años que no estaba, tiempo para la práctica deportiva, para mi niño interior, ese que todos llevamos dentro, pero al llegar a cierta edad nos empeñamos en negarlo, en esconderlo tras el adulto que nuestra sociedad insiste en hacernos ver como la única manera de enfocar la vida, en la seriedad del trabajo, de la responsabilidad, del control habitualmente externo al que estamos sometidos... No es de extrañar que aumente el número de casos de depresión, de ansiedad, estrés y otro tipo de enfermedades relacionadas con el "tengo que", "no puedo ya", "ojalá yo"... ¿Cuántos niños tienen esos síntomas? Ese tipo de enfermedades no se dan antes de los diez años, porque los niveles de autoexigencia, que más tarde nos vamos creando, aún no existen a esa edad y la vida se limita a buscar momentos de ocio y diversión.

Pero luego maduramos, crecemos y pasamos al otro extremo, porque creemos que ya no lo necesitamos, que nuestro niño interior ya no existe, murió cuando nos casamos, cuando conseguimos nuestro primer trabajo o este último, que tanto tiempo nos absorbe... Pero no es así, todo ser humano guarda en su interior aquella personita de diez años que un día corría, reía y jugaba como si nada más ocurriese a su alrededor, y solo seremos realmente felices cuando decidamos dedicar parte de nuestro tiempo a que él o ella también disfruten, haciendo aquello que les gusta. Aquello que te gusta y te divierte guarda la llave de tu felicidad, ¿la vas a seguir escondiendo en un rincón de tu corazón?

***

Esa noche Rosa y yo habíamos quedado para cenar con Robert y Simon, hablaríamos sobre el liderazgo, de cómo ellos lo gestionaban en su día a día, sería mucho más que una cena entre amigos. Volví a sentir en mi estómago el hormigueo que me invadía hacía unos meses cada vez que acudía a una de mis citas para reflexionar o aprender alguna nueva lección. Sabía que aquella noche tendría la suerte que muy pocas personas tienen en la vida, compartir una cena con tus seres queridos y, al mismo tiempo, tener la oportunidad de aprender y formarme de la mano de personas tan sobresalientes, siempre dispuestas a ayudarme en mi formación. No sabía de qué forma podría recompensarles tanto amor y entrega desinteresada.

Al llegar al restaurante y comprobar que allí también estaba mi hermano Ángel y Tía Lui, no pude más que emocionarme. De no haber sido por el tono irónico y bromista con que Robert me recibió, probablemente no hubiera podido contener las lágrimas de la emoción.

—¡Hombre, el hijo pródigo! —Y aplaudiendo sonoramente me animó a sentarme a su lado, apartando la silla de su derecha. Estaba acostumbrado a que, junto a Robert, alguna que otra vez todo el mundo acabara mirándome.

Tomé asiento tras dar un abrazo a cada uno de los allí presentes, fue mi forma de dar las gracias, de demostrarles que, para mí, aquello era mucho más que una cena familiar.

Tía Lui fue la primera en preguntarme:

—Toni, cuéntanos, has vuelto a surfear hoy, ¿cómo te ha ido?

—Muy bien, ha sido genial, estaba deseando volver a hacerlo y, aunque ha sido breve, me ha encantado. La próxima semana comienzo con las clases de nuevo.

—Cuánto me alegro, ¿estarás con Pol?

—No sé. —Y mirando a Robert continué en tono irónico—: A ver qué decide el jefe.

Robert interrumpió con una carcajada el trago que estaba dando a su copa de vino.

—El jefe hace tiempo que ya no toma esas decisiones, delegación efectiva, amigo, ¿sabes lo que es?

—No sé, pero estoy deseando que vuelvas a darme alguna de tus explicaciones. Creo que delegar es dejar tus funciones a alguien para que esa persona haga tu trabajo, pero el concepto de delegación efectiva no lo había oído.

—Pues en esta mesa estás rodeado de profesionales en el arte de delegar —continuó Robert—. Gracias a la delegación efectiva las empresas son capaces de crecer y llegar mucho más allá de lo que lo harían si todo el trabajo dependiera de una única persona. Imagina que en este restaurante el propietario hiciera las veces de cocinero, camarero, gerente y administrador, ¿crees que sería así tal y como lo vemos, o más bien continuaría siendo un pequeño comercio para amigos y clientes muy cercanos? Y lo peor de todo, ¿cómo te imaginas que sería la vida de ese pobre propietario? Un porcentaje muy elevado de empresas acaban desapareciendo o volviéndose pequeñas de nuevo cuando el emprendedor, el líder, descubre que no es capaz de delegar.

—Es la ley del tope, como lo llama mi amigo John Maxwell —puntualizó Simon.

—¿De verdad lo conoces? —le interrumpió ahora Ángel, muy sorprendido.

—Sí, ha impartido seminarios para nuestros líderes en varias ocasiones, y tras conocernos se ha convertido en un buen cliente, además hemos mantenido la relación fuera de lo laboral, creo que fue el golf lo que nos unió.
—Y sonriendo continuó—: He de reconocer que la primera vez le dejé ganar.

—Hace tiempo que no leo nada de él —continuó Rosa—, recuérdanos qué dice esa ley, por favor.

—Es muy sencilla, simplemente afirma que el crecimiento empresarial estará determinado por el nivel del líder. Si el líder es capaz de llegar a un alto nivel de eficacia, la empresa crecerá en igual medida, en cambio si el propio líder hace de tope, puesto que su capacidad de liderazgo es baja y no tiene las competencias que le permitan gestionar el crecimiento de su empresa de forma correcta, él será la principal causa de estancamiento o mal funcionamiento de su proyecto emprendedor. Y una de las causas principales en la mala gestión de un líder es la incapacidad para delegar. —Simon continuó embelesándonos a todos con su hermoso acento—. En Estados Unidos no ocurre tanto, pero en los países latinos, como este o como el mío, la delegación se nos hace muy complicada, ya que pensamos que nadie lo podrá hacer como nosotros, y creo que el problema solo está en que nunca nos han enseñado a delegar. Esta es una de las primeras lecciones que damos a nuestros líderes, ya que la delegación efectiva es muy distinta y ofrece unos resultados muy diferentes a los que suele proporcionar la delegación por abdicación que tantos *freelances* acaban llevando a cabo en su negocio cuando este comienza a crecer. Delegar por abdicación es el mayor de los errores, puesto que no es más que dejar que otros hagan lo que tú ya no puedes o no quieres por falta de tiempo o interés, y acabas pidiendo a alguien que lo haga por ti sin más. Y, además, en ocasiones lo dejas que comience suponiendo que sabe cómo hacerlo y no se vuelve a revisar su labor hasta que aparecen los primeros resultados que, cómo no, nunca son los esperados.

Simon guardó silencio, pero Robert le animó a continuar.

—Vamos, Simon, pero no le dejes a medias. Explica qué es eso de la delegación efectiva a Toni, por favor.

—Pues es lo opuesto a la abdicación, en la delegación efectiva se dan una serie de pasos que te permiten saber que la persona que se hace responsable de la tarea la desarrollará o deberá desarrollarla tal y como tú lo hacías, porque antes de delegar se han dado una serie de requisitos que te aseguran que así será.

»Los pasos son estos. —Y sacando un bolígrafo del bolsillo de su camisa comenzó a escribir en una servilleta mientras me explicaba:

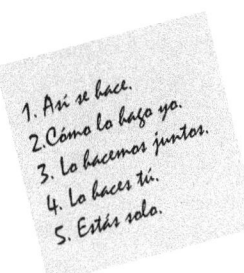

1. Definir con exactitud cuál es la tarea que debe hacerse. *"Así se hace"*.

2. El responsable, la persona que asumirá las funciones para desarrollar la tarea, observa cómo se desarrolla la misma para conocer con exactitud qué es lo que se pide en su desarrollo y en qué consiste exactamente la tarea. *"Cómo yo lo hago"*.

3. El responsable comienza a desarrollar la tarea con la supervisión de la persona modelada, que acompaña y asesora en el desarrollo de la misma. *"Lo hacemos juntos"*.

4. El responsable lleva a cabo la tarea sin recibir retroalimentación al momento, sino solo al final del proceso. Debe ser capaz de llevar adelante la tarea con éxito. Esta es la fase más importante. **"Lo haces tú"**.

5. Nadie supervisa cómo se desarrolla la tarea, solo se evalúan los resultados. **"Estás solo"**.

»Tras esto no cabe más que confiar en la persona que ha asumido la responsabilidad y esperar que los resultados de su labor sean los esperados, y en caso de que no fuese capaz de obtenerlos no debemos pensar que esa tarea no puede ser delegada, simplemente habrá que buscar qué fue lo que falló, y normalmente se dan dos tipos de errores fundamentales, o la tarea no se definió con exactitud y el proceso de formación no fue el adecuado, o la persona en que se delegó no cumple con las cualidades necesarias para el desarrollo de la misma. No es más, si cuidamos de no cometer alguno de estos errores no habrá tarea en nuestra empresa que no podamos delegar. Y, de esta forma, tú podrás dedicarte a aquello que mejor se te dé, a lo que más te guste o a lo que consideres que nadie puede hacer por ti, que como ya has visto no será mucho.

»De hecho, míranos, todos tenemos empresas ahora mismo en pleno funcionamiento, y creo que ninguno trabajó hoy, ¿no es así?

—¡Ey, yo sí! —respondió rápidamente Robert—. Yo estuve contigo supervisando que las olas estuviesen en su sitio esta mañana. —Y todos rompimos con una carcajada, aunque ninguna tan sonora y llamativa como la del gigantón de Robert.

Tras las risas, Tía Lui intervino por primera vez.

—Simon, lo que más me sorprende de tu forma de ejercer el liderazgo en tu empresa es lo que me ha comentado mi sobrino, ese periodo en el que te conviertes en un empleado más y trabajas codo a codo en los escalafones más inferiores de tu organización.

—Sí, suelo hacerlo una o dos veces al año, yo no considero que esos sean los escalafones inferiores, como lo llamas, más bien pienso que son los superiores, porque, sabes, nuestros clientes nunca ven nuestras oficinas, jamás se pasean por los almacenes, y la mayoría no llegarán a hablar conmigo cuando ocupo el puesto de gerente o CEO de mi empresa. Los clientes hablan con el Simon camarero, mantienen una conversación con Mary, la recepcionista, o piden a John que les limpie la habitación. Es ahí donde está nuestro mayor potencial, en los miembros de nuestro equipo que están en contacto con los clientes, por esto es tan importante que ahí se desarrolle una gran labor. Y a mí esto me encanta. Pero no solo vuelvo a ser recepcionista porque me guste, sino porque de esta forma percibo cómo se desarrolla el trabajo de mi equipo desde dentro, sabiendo cuáles son las condiciones en las que se llevan a cabo cada una de las funciones, qué está sucediendo y qué necesidades hay de primera mano. Y no es que no haya la suficiente comunicación durante el resto del año, hacemos reuniones, capacitaciones, sesiones de *coaching* motivacional... pero creedme, no es lo mismo.

## *"Ten la humildad de aprender de aquellos que están a tu alrededor"*

### John Maxwell

—Qué buena idea, Simon, me encanta tu filosofía del liderazgo, no me extraña que te vaya tan bien —afirmó Tía Lui—. Para mí, no sé qué pensáis, pero considero fundamental la capacitación y la motivación del equipo, un líder que no fomente momentos de formación y motive a su equipo jamás llegará a conseguir grandes resultados.

Tras esto intervino Rosa:

—Sí, pero para mí aún es más importante quiénes son los que forman parte de tu equipo, esas personas que tú capacitas o motivas, siempre estarán en tu vibración, en tu sintonía, no es más que la comprobación de cómo actúa la ley del magnetismo en un grupo. Un líder acaba atrayendo a su organización a personas que él o ella misma, consciente o inconscientemente, ha atraído a su equipo simplemente por su forma de actuar o de pensar ante determinadas situaciones. Vibraciones similares se atraen y esto no es más que una muestra de ello, acabarás atrayendo a tu equipo aquel perfil de persona que más se adecúe a tu forma de liderar, por eso Pol está en tu equipo, Robert, o por eso Robert está en tu equipo, Ángel, ¿no creéis?

Respondió Robert, que intervino como siempre en tono ruidoso y simpático.

—Sí, todo eso está genial, pero qué será de un líder que, aplicando todo lo que habéis comentado, tiene cara de pena. —Y comenzó a reír en total oposición a sus palabras—. Ese tipo jamás mantiene una actitud de optimismo y positivismo capaz de hacer ver en el horizonte las metas del equipo, de tal forma que cada uno de sus miembros se sienta empujado a realizar su tarea por el bien del grupo y de la empresa, por encima incluso de su beneficio particular. O aquel líder que mantiene una actitud negativa o derrotista, recordad la frase: "un líder triste es un triste líder". Nada de lo que habéis comentado será posible si el líder no mantiene una actitud positiva. Es fundamental, principalmente en los momentos de dificultad. Probablemente, cuando todo vaya según lo planeado, esta actitud del líder quede algo encubierta, pero cuando lleguen tiempos difíciles, cuando aparezcan dificultades en la empresa o en el equipo, la actitud del líder agravará la situación, y de nuevo se cumplirá la ley del tope, él será la causa número uno del fracaso en la gestión de esa situación, él marcará la altura a la que llegue su empresa.

Fue Ángel quien tomó la palabra, pero al comenzar a hablar una fuerte tos le hizo interrumpir su discurso.

—Perdonad. —Y tras esto continuó con normalidad—. Yo siempre he intentado que aquellos que formen parte de mi equipo sean mejores que yo —respondió Ángel—. He perseguido, siempre, que cuando estuviese en una reunión de equipo mirase a mi alrededor y me diese cuenta de que yo, simplemente, era uno más, quizás el que más tenía que aprender de cada uno de los que formaban parte de aquella reunión. Debes ser muy hábil a la hora de fichar para tu equipo, pero aún más en la capacitación de líderes, es ahí donde está la base para un crecimiento exponencial de tu empresa. Formar a personas suma, pero formar a líderes multiplica.

De nuevo le sobrevino un fuerte golpe de tos que le impidió continuar, y tras tomar un trago de agua y ante la perseverancia de la misma, optó por levantarse de la mesa y marchar al baño pidiendo disculpas por ello.

—¡Chico, no te mueras ahora que nos quedan los postres! —bromeó Robert mientras mi hermano se retiraba.

Tía Lui retomó la conversación.

—Lo que comenta Ángel es fundamental, en los miembros de tu equipo está la base de toda empresa. Yo pienso que, de no haber sido por cada una de las personas que desde que comencé fueron apareciendo por la asociación a ayudar, sin pedir nada a cambio, además, nada de lo que hemos hecho hubiera sido posible.

—Sí, Lui, tienes razón —continuó Rosa—, pero sabes que no fue suerte, tú siempre hiciste todo esto que acabamos de comentar, lo hacías incluso antes de que conocieras las estrategias de liderazgo, lo hacías de forma natural, y de esta forma llegaste a formar siempre un equipo tras otro que te apoyó en todo lo que hacías.

—Siempre actué sabiendo qué tipo de personas necesitaba en mi equipo, me enfoqué en ello y siempre acabaron llegando a casa en el momento oportuno...
—Y mirando a Robert continuó—: O simplemente ya los teníamos dentro de casa. —Y con una sonrisa llena de amor miró a Rosa y agarró su mano.

Robert intervino y me preguntó bromeando, pero muy directamente.

—Y tú, Toni, ¿tienes claro quiénes deberían formar parte de tu equipo? ¿Cuál es el perfil de personas que necesitas para tu empresa?

Me lanzó la pregunta mientras agarraba mi copa para beber, y permanecí ahí buscando una respuesta no sé cuánto tiempo, intentando asimilar todo aquello que estaba aprendiendo, haciéndome consciente de la importancia de la pregunta, ya que pronto yo también tendría que formar un equipo.

Las carcajadas de Robert ante mi parálisis me hicieron reaccionar.

—No, no. —Y sonriendo reconocí que aún no me había planteado nada de eso.

Tenía que formar un equipo, cuando aún ni el líder estaba preparado para empezar...

> *"Un verdadero genio admite que no sabe nada".*
>
> Albert Einstein

## CAPÍTULO 10

# Equipo

*"Yo hago lo que usted no puede, y usted hace lo que yo no puedo. Juntos podemos hacer grandes cosas".*

Madre Teresa de Calcuta

La cena fue inolvidable, no solo aprendí como si de un curso intensivo se tratara, sino que conocí las experiencias y las anécdotas que en referencia al liderazgo cada uno de los genios con los que cené fueron contando. Multipliqué mi admiración por cada uno de ellos aquella noche, ya que demostraron no solo su capacidad como empresarios, sino como personas de valor, coherencia, y lo más sorprendente, llenas de amor.

Para mí eran todos grandes sabios, gurús en el mundo empresarial y personal, y lo más emocionante de todo es que yo no solo tenía la posibilidad de formarme con ellos, sino que además convivía con ellos. Simon se marchó a los pocos días de aquella velada, pero, al menos, pude surfear con él y con Robert toda una tarde, bueno, ellos surfearon, yo solo lo intenté; tenía tanto por aprender. Además, nos invitó a volver por Malibú en cuanto pudiéramos. Yo aquella oferta la vi muy, muy lejana, tenía tanto camino por recorrer en la creación y puesta en marcha de mi empresa que no pensé que aquella posibilidad fuese viable al menos en unos años. No recordé que la vida solo nos pide que planteemos el qué, el cómo, ya se encarga ella de organizarlo sin pedirnos permiso, ni darnos explicación.

Aquella noche mis mentores me hicieron hacer algo que al parecer todos habían hecho antes que yo, y era poner fecha límite a la puesta en marcha de mi proyecto. Aquella noche me la jugué al poner una fecha, para mí toda una osadía, para ellos algo muy normal, tres meses, solo tres meses después mi proyecto emprendedor sería una realidad.

Todos coincidieron en que dada mi experiencia y la ayuda que tendría, el plazo no debería ser mayor. Además, casi al unísono repitieron una frase que yo fui el único que no supe continuar: *"Carguen, fuego..., apunten"*, que un tal *Harv Eker* recoge en su libro, otro que tendría que leer y que me apunté en la agenda de mi móvil: *Los secretos de la mente millonaria*. Esa frase viene a decirnos que hay que comenzar pronto, aun con riesgo de no tener todo completamente controlado, por eso el disparo viene antes que la afinación en el tiro. A mí esto me chocó bastante, puesto que habría errores que se podrían prevenir si evitásemos estas precipitaciones, pero dado que todos coincidieron en que un mes sería muy pronto, pero más allá de tres meses sería un periodo demasiado alto, no me quedó más que fecharlo ahí. A partir de ese momento, tal y como ellos también habían hecho antes, llegarían los tiempos para el ajuste, para realizar correcciones y, en definitiva, para afinar la puntería. Pero todo esto se haría ya con el negocio a pleno rendimiento, lo que supondría, según me adelantó Ángel, que mi interés por la mejora y mi aprendizaje se realizarían de manera mucho más ágil y efectiva, ya que en juego no solo estaría el proyecto, también mi situación económica, la cual no se vería afectada hasta que comenzase la partida de forma real.

Acepté la proposición sin pensarlo mucho y dado que todos me animaron a pensar que sería un periodo de tiempo más que suficiente. La noche continuó para mí con total normalidad, aprendiendo y divirtiéndome mucho con cada una de las anécdotas que narraban de sus principios como emprendedores, esos mismos momentos por los que yo ahora estaba pasando o hace unos años pasé al montar mi primera empresa. Por supuesto tuve que repetir una de las anécdotas que ahora resultaba divertida, pero que durante muchos años fue de los momentos más duros que he vivido, el cierre del *pub* que inaugurábamos en Ámsterdam, jamás pensé que me reiría de aquel suceso, pero junto a Robert pocas cosas se hacían realmente importantes...

Pero al llegar a casa, al caer en la cama y recordar que cuando amaneciera la cuenta atrás habría comenzado, una sensación entre pánico y estrés se apoderó de mí, de tal forma que dormir se me hacía imposible.

Me levanté, me preparé una infusión y me dirigí a la terraza, a mirar el mar, a pensar en lo que se planteaba ante mí, a reflexionar en cómo mi vida había cambiado de la noche a la mañana, pero aun así, las situaciones de estrés y ansiedad seguían llegándome de una u otra forma... Y allí, en aquella noche primaveral, a la luz de la luna, al sonido de las olas, en la soledad de la terraza que años atrás mi madre había soñado, volví a emocionarme por mi pasado. Pensé de nuevo en mis padres y en cómo tantos sueños se vieron truncados aquella tarde, en mi tía Jéssica, que con tanto amor me trató, pero el dolor, tal y como descubriría más adelante, también se la llevó, en mi hermano, que también sufrió esa dura enfermedad sin mi apoyo, y en mí, en cómo destrocé cada una de las etapas de mi vida, sin darme apenas cuenta, sin ser consciente de lo que hacía... Y de esta forma, mientras el dolor de mi pasado volvía a atraparme entre sus garras, unas cálidas manos se apoyaron en mi cuello y acabaron abrazándome desde mi espalda, soltando así esas garras y haciéndome recordar que ya todo había pasado, que el aprendizaje ya estaba hecho y que ahora la vida me sonreía, que ahora mi realidad era otra muy distinta, la que yo había deseado, la que yo había creado con mis acciones... que ya había llorado bastante, que ya me había arrepentido lo suficiente, que la partida había cambiado y todo se jugaba a una carta, la carta del éxito, aquella que un día decidí abrir, aquella con la que mis padres me enseñaron a vivir... Agarré las manos de Rosa, las besé y recordé que la vida no podía ponérmelo más fácil, que las respuestas a todas mis dudas no estaban a miles de kilómetros, que, como casi siempre sucede en la vida, las soluciones a nuestros problemas no suelen hallarse lejos, en mi caso, estaban justo al otro lado de la cama... Mirando al mar, recibiendo el cálido abrazo de mi amada, disipé todos mis miedos, la vida no podía ser más hermosa para mí.

—¿Qué te ocurre? —me preguntó Rosa, aún sin soltarme de sus brazos, susurrándome al oído desde mi espalda.

—He sentido miedo, pánico, al pensar que en solo tres meses tendré que iniciar mi empresa, cuando apenas acabo de definir qué es lo que quiero realmente y aún me falta tanto por aprender. Y luego al llegar aquí me he acordado de mis padres, de que este era uno de sus sueños y como ha vuelto a llevar a mi pasado.

—Y esto es una muestra más de cómo estás siendo capaz de cerrarlo, has cumplido uno de sus sueños, has vuelto a casa, estás con ellos, con todos tus seres queridos, aquí, viviendo el momento, donde te corresponde. No busques más, no esperes más, el ahora es lo que importa, disfruta del camino, de tu partida y de todas las opciones que se te plantean de ahora en adelante.

»Lo que estás sintiendo ahora yo también lo sentí antes, y tu hermano y todos los emprendedores del mundo en algún momento se sintieron asustados, pero ahí está la diferencia entre unos y otros, solo algunos se atreven a continuar pese al pánico, solo algunos dan el salto de valor, como tu hermano los llama, y ahí comienza su victoria, ahí comienzan una vida muy distinta a la de antes, muy distinta a la de otros, pero también mucho más divertida. Todo depende del cristal con que lo mires y creo que tú y yo compartimos el mismo cristal.

»Comenzar un proyecto emprendedor implica tantos cambios en tu vida, que nunca es fácil dar el primer paso, salir de la zona de confort y poner en juego no solo tu dinero, también tu reputación, tu imagen, tu tiempo... Es una decisión que te hace dudar, pero créeme, te arrepentirás mucho más si no lo intentas. Una de las enseñanzas de Tía Lui que me dejó marcada desde el día que la oí es que solo tú puedes decidir hacia dónde vas, si tomas las riendas de tu vida profesional, si vives por y para tu propósito de vida, jugarás la partida que viniste a jugar, si no, si no llegas a descubrir cuál es tu propósito, cuál es el don que viniste a desarrollar, jugarás en la partida de otro, y quizás, muy probablemente, acabes llevando una vida más cómoda, pero seguro que mucho menos divertida, y a la larga incluso más incómoda, porque la libertad financiera difícilmente se alcanza desde la posición de trabajador asalariado, es posible, pero créeme, mucho más difícil.

—¿Qué es eso de libertad financiera? —Era un concepto que había leído ya en más de una ocasión, pero aún no me quedaba claro.

—¿Aún no sabes lo que es?

—No, he leído algo, pero no me quedó claro.

—Pues, en resumen, serás libre financieramente cuando no tengas que trabajar por dinero, cuando tus ingresos pasivos superen a tus gastos mensuales, pero, disculpa, prefiero que sea tu hermano, Ángel, quien ya lo es desde hace tiempo, quien te lo explique, porque yo a estas horas no estoy para más clases. Solo te adelanto que cuando alcanzas la libertad financiera el dinero es la menor de tus preocupaciones, pero vamos, intentemos dormir algo, a primera hora Tía Lui vendrá a hablarte de tu equipo, ese sí debe ser un concepto que domines ya.

—Y tomándome de la mano abandonamos la terraza, me dejé llevar una vez más, y mientras la seguía llevaba una enorme sonrisa en mis labios, jamás había permitido que una mujer me dirigiera de esa forma, pero ella me había enseñado tanto, me había ayudado tanto, que todos sus consejos me parecían lecciones magistrales caídas del cielo.

***

Tal y como habíamos quedado, Tía Lui llegó puntual a su cita, era domingo y a las siete de la mañana salíamos a caminar por la playa. Como esperaba, no había mucha gente que siguiera este ritual, y aunque poco a poco fueron llegando otras personas a caminar o a correr por la playa, durante gran parte de nuestra conversación estuvimos prácticamente solos en La marina, "nuestra cala".

—Ángel me pidió que te hablase del equipo de trabajo, de tu equipo de colaboradores, para que tengas claro algunos aspectos que deberás tener en cuenta a la hora de empezar tu negocio. ¿Sabes por qué me ha pedido que trabaje contigo este tema?

—No.

—Pues porque él sabe que para mí el lado que más he cuidado siempre de mi cuadrante empresarial, siempre, ha sido el del equipo. Pienso que un proyecto puede funcionar con ciertas carencias en muchos aspectos, pero cuando las dificultades las genera el equipo, cuando no tienes un grupo humano que sea capaz de hacer suyo el proyecto, que no disfrute de la misión o no esté capacitado para desarrollarlo, será prácticamente imposible que esa empresa alcance el éxito. En cambio, proyectos con menos posibilidades, empresas cuyo nicho de negocio sea muy reducido, pero estén formadas por un equipo ganador, irremediablemente acabarán alcanzando el éxito en aquello que se propongan.

»Recuerda esto, hijo, se lo he repetido a tu hermano muchas veces: *"Busca una buena misión acompañado de un gran equipo y acabarás encontrando una empresa de éxito".*

»Lo primero que debes hacer antes de formar un equipo de éxito es definirlo. Pensar qué características deberán tener los miembros que lo formen, y más importante aún, cuáles son las funciones que debe cumplir cada uno de ellos. Aunque todos los proyectos emprendedores compartan ciertos elementos, como el apoyo legal o administrativo, no todos necesitan los mismos miembros, ya que en ocasiones estos cargos los puede ocupar el propio emprendedor, pero independientemente de quién ocupe cada posición, lo que sí debemos recoger es cuáles son las funciones que cubrir por un lado y qué características deberán poseer las personas que formen parte de nuestro proyecto por otro.

»Una vez tengamos definidas las posiciones que cubrir, toca el turno de comenzar a buscar ese tipo de perfil profesional que ya hemos definido, que sea capaz de cubrir las necesidades que necesitamos. De esta forma la selección de personal, la formación de tu equipo, será mucho más acertada y ajustada a las necesidades de tu proyecto. No es lo mismo que para la selección de tu compañero en la academia escribas un anuncio que diga "Se necesita profesor de *marketing* digital" a otro que recoja la demanda de esta forma: "Si tienes entre 22 y 27 años y dominas las técnicas de dibujo artístico y el *marketing* digital, estamos buscando a jóvenes de tu perfil para cubrir una vacante de profesor de academia. Imprescindible tener ganas de seguir aprendiendo y ser considerada una persona simpática al menos por más de cinco amigos".

No pude más que reírme ante tal anuncio propuesto por Tía Lui.

—Sí, aunque suene a broma, gracias a este anuncio estás delimitando claramente qué es lo que necesitas y qué características personales debe poseer esa persona. Además, quienes vayan a demandar esa vacante podrán hacerse una idea del tipo de empresa a la que están solicitando empleo. Nadie excesivamente formal haría caso a un anuncio así, justo lo que tú querías.

»Este tipo de definición, aunque no la hagas pública, te ayudará a determinar el perfil de la persona que entra a formar parte de tu equipo. Créeme, la selección de personal va a ser una de las tareas más complicadas en la puesta en marcha de tu proyecto, cuanto más tiempo dediques antes de comenzar a definir puestos, funciones y perfiles, menos tiempo perderás en la formación de tu equipo de éxito.

—Pero, Tía Lui, en tu equipo, al igual que veo en los equipos de Robert y Ángel, la gente parece que no son empleados, sino propietarios de la empresa. La implicación, la dedicación que ofrecen no es lo normal en el mundo laboral que yo he conocido.

—Bueno, pienso que hay varias razones para ello. La primera es que, como te he comentado, ya hicimos una selección de personal ajustada a nuestras necesidades. Por otro lado, procuramos fomentar el sentido de pertenencia entre nuestro equipo y cuidamos la comunicación. Esto hace que todos se sientan partícipes de los logros, de los avances, y que en los momentos de crisis o de presión el equipo se muestre aún más unido.

»Para esto, a mí me han servido de mucho estos dos conceptos: celebración y código de honor.

»Celebrar es un acto que no muchas empresas fomentan entre los miembros de su equipo. La mayoría de los líderes, de los pequeños y medianos emprendedores, creen que la consecución de objetivos o los logros alcanzados son hechos que no merecen ser celebrados y esperan a un gran momento, a un día irrepetible, para celebrar algo. Cuando las celebraciones deberían ser algo tan importante como la fecha de inventario o el día de pago. No podemos olvidarnos de ellas, porque dan unión, generan sentido de pertenencia y muestran la gratitud de la empresa hacia los miembros del equipo. Recuerda esto, Toni, establecer un sistema de reconocimiento y de celebraciones en tu empresa te ayudará a encontrar y mantener en tu equipo a las personas que siempre quisiste tener a tu lado.

»Y, por último, establece un código de honor en cuanto dejes de estar solo en tu empresa.

—No sé qué es eso, Lui.

—El código de honor recoge una serie de principios, de normas muy básicas y fundamentales, que todos los miembros del equipo, incluido tú, deben cumplir para formar parte del mismo. Este código, estas normas básicas, darán unión y estabilidad al equipo, principalmente en los momentos de calor, de tensión, donde la presión del trabajo o las relaciones personales no sean las más positivas y deseadas. Debes crearlo junto a los miembros de tu equipo, de tal forma que sea aceptado y reconocido por todos para que, de este modo, si tu equipo llegara a crecer, los nuevos miembros supieran cuáles son las "normas básicas e inquebrantables" de tu equipo de éxito.

»Te ayudaré a crearlo si lo deseas llegado el momento, el de nuestra casa solo tiene cinco líneas, pero cada una de ellas está cargada de intención y de sentido. La número uno es: *"mira a los ojos y di la verdad"*, conoces muy bien a la persona que propuso esta frase para nuestro código hace ya más de veinte años.

—¿Ángel?

—Rosa —puntualizó Tía Lui sonriendo—. Fue ella quien propuso y defendió la idea de ser sincero y no fallarnos jamás, tenía motivos para hacerlo.

—Resulta increíble cómo a tu edad eres capaz de mantener una organización como la tuya y que, además, no pare de crecer.

—Las arrugas nunca van más allá de la piel si así lo deseas, jamás conocerás un alma arrugada por el paso de los años, solo la falta de sueños, de metas por alcanzar, llevarán a tu alma a la vejez. He visto ancianos en cuerpo de jóvenes, personas que envejecen a los cincuenta cuando sus hijos ya han salido de casa, otras comienzan a envejecer a los treinta cuando encuentran un trabajo estable y monótono donde ver los años pasar, pero también he visto a jóvenes en cuerpos de ancianos, personas que luchan por sus sueños, que despertaron cada mañana con un propósito y llegan al final de sus días con la sensación de no haber acabado, satisfechos por todo cuanto hicieron, pero con el anhelo de alcanzar una meta más. Ahí está el secreto de la eterna juventud, hijo mío, no lo busques en ningún otro lugar.

Y tras una pausa excesivamente larga, tras ese silencio al que ya me había acostumbrado, continuó con su conversación.

—Gracias a un buen código de honor junto al manual de funcionamiento de tu empresa se fomentará y se facilitará la comunicación entre los miembros de tu equipo, de esta forma te asegurarás de estar cuidando otro de los pilares básicos de la empresa, la comunicación interna. Pero, hijo, eso ya es otra historia que tendrás que descubrir, la COMUNICACIÓN, interna y externa, ha determinado el éxito y el fracaso de muchos proyectos emprendedores que he conocido en mi larga vida, es otro factor que no puedes olvidar.

—¡Guau! Cuántas cosas, Tía Lui, no sabes lo que me está ayudando toda esta información, aunque he de reconocer que me siento abrumado por todo lo que tendré que hacer en tan poco tiempo, el margen de tiempo que hemos planteado me resulta tan inmediato.

Tía Lui respondió sonriendo.

—A tu hermano y a Robert les encanta la velocidad, pero, de todos modos, no te preocupes, recuerda que el tiempo es relativo, lo que para ti pueda resultar precipitado para otro quizás sea una eternidad, así que decide actuar, comenzar, y recuerda: carga, dispara y apunta... Tendrás toda una vida para ir corrigiendo tu proyecto, pero mientras no empieces, no podrás saber si lo estás haciendo bien o mal.

*"A medida que comienzas a andar fuera del camino, el camino aparece"*

**Poeta Rumi**

—Me encanta vuestra seguridad, vuestra valentía, de verdad jamás había conocido a personas como ustedes, Tía Lui. Recorrí el mundo entero buscando cuando era en casa donde tenía todo lo que necesitaba.

—Suele pasar, Toni, es así nuestra naturaleza. Salimos a buscar lejos lo que dejamos en casa, y en muchas ocasiones no es hasta cuando marchamos cuando realmente valoramos que lo que teníamos al lado era justo lo que necesitábamos. Pero ahora lo importante es que estás aquí, que ya hiciste el aprendizaje, que tu partida te trajo a nuestro lado y ahora compartimos cada tirada de dados, y te prometo que haré todo lo posible porque tu jugada sea, al menos, aquella que viniste a jugar.

*"Cualquiera que deje de aprender se vuelve viejo, no importa si tiene veinte u ochenta años. Cualquiera que continúe aprendiendo se mantiene joven. Lo mejor de la vida es mantener la mente joven"*

Henry Ford

## CAPÍTULO 11

## *Una forma de empezar...*

*"Empieza haciendo lo necesario, después lo posible y, de repente, te encontrarás haciendo lo imposible".*
**San Francisco de Asís**

Había pasado una semana desde que mis mentores me formaran a fondo en relación al cuadrante empresarial. Por suerte, Rosa había vuelto de su viaje y me ayudó a poner en orden toda la información que fui recabando en cada una de las conversaciones mantenidas. Aún faltaban aspectos por descubrir, pero me aseguró que los estudiaríamos antes de poner en marcha la escuela. Había retomado la ilusión, la pasión por mi propósito me hacía sentir lo que tantas veces Ángel me había indicado, que las horas de trabajo no eran tales, que, aunque le dedicase la mayor parte del día al estudio y la preparación de mi proyecto, la sensación que me quedaba al llegar la noche no era la de una intensa jornada de trabajo, muy al contrario, sentía la necesidad de que el día tuviera treinta o treinta y cinco horas, puesto que aún me faltaban cosas por hacer.

Era lunes y había planeado mi semana sin dejar apenas hueco para mis horas de surf, así que cumplí con lo programado y a las diez de la mañana estaba en la playa junto a Pol. Mi técnica no había mejorado mucho, pero tenía la sensación de que avanzaba a pasos agigantados, puesto que cada vez que me lanzaba a coger una ola acababa encima de la tabla, y aunque a veces no duraba demasiado ni apenas me deslizaba un par de metros, la sensación de estar sobre la tabla en cada intento para mí era todo un éxito.

Cuando ya estaba a punto de acabar, descubrí que en la oficina de Pol me esperaba Ángel, no había quedado con él hasta la tarde, así que me hizo mucha ilusión su visita.

—¡Cómo has mejorado, hermano! Llegas a empezar unos años antes y hubieras sido el rey sobre las olas de Malibú.

—Sí, ya lo creo —le respondí entre risas.

—Oye, cada vez os parecéis más, dentro de poco no sabré cómo distinguiros. —Pol hizo este comentario entre risas y mirándome a mí y luego a mi hermano repetidamente.

—Tienes razón, Toni, te estás quedando en los huesos, dentro de poco marcarás abdominales como Robert —puntualizó mi hermano riendo.

—Sí, y le sacaré una cuarta en altura —respondí también con ironía y entre risas.

—Vamos, cámbiate —me animó Ángel—, he quedado con un amigo que creo podrá ayudarte para la elección de tu modelo de negocio. Quizás te haga dar un giro y acabes creando una escuela de surf.

—¡Genial! Puedes contar conmigo, Toni, los martes de seis a ocho los tengo libres —bromeó Pol golpeándome suavemente en la espalda. Robert no solo le había enseñado a entender de forma exclusiva a sus clientes.

Me cambié rápidamente y salí ilusionado, ya que cada visita de Ángel me había supuesto hasta ahora un enorme aprendizaje.

Aquella mañana había decidido llevarme a ver a un buen amigo, que además dirigía una asesoría jurídica, justo la que gestionaba toda la parte legal y económica de su negocio.

—Ángel, ¿crees que ellos también podrán ayudarme en la gestión de mi academia? De todo lo que vimos en aquella academia, del fracaso que imaginamos, es lo que más me preocupaba, puesto que realmente no tenía referencias y esperaba vuestra colaboración.

—Claro que sí, hombre, a eso vamos, pero antes me gustaría que te explicasen una actividad muy relevante para aclarar la puesta en marcha de cualquier negocio, se llama el Modelo Canvas, y gracias a él podrás hacerte una idea de qué necesitas y qué pasos debes dar en la gestión y puesta en marcha. Te gustará Luz y su forma de comunicar.

—Ah, ¿es una chica?

—Sí, al igual que Rosa, una de las empresarias con corazón de Sitges, son buenas amigas.

De nuevo me sorprendió que Rosa no me hubiera hablado de ella, aunque esta vez no busqué excusas, en ningún momento le comenté que una de mis mayores preocupaciones era la parte de asesoramiento legal y jurídico, y si algo había aprendido de mis mentores es que no debemos dar consejo a quien no lo pide ni información a quien no la busca.

***

Mientras nos dirigíamos hacia las oficinas de Luz, pensé que, si Ángel ya era libre financieramente, su gestión jurídico-financiera no debería resultar fácil, por lo que Luz debía ser una mujer muy preparada, ejemplo de compromiso y profesionalidad como empresaria.

—Luz debe ser una gran mujer, ¿no, Ángel?

—Sí, ya verás, ha creado su empresa prácticamente de la nada. Sus padres eran buenos amigos de papá y mamá. No los conociste, pero también su padre era quien llevaba toda la gestión administrativa a papá y mamá. Luz no solo heredó la pequeña gestoría de su padre, sino que la transformó y creó el gabinete de asesoría que vas a ver. Nos conocimos hace unos años cuando por medio de Rosa solicitó nuestro servicio de *coaching*. Tenía tan solo diecinueve años, pero las ideas tan claras que, en la tercera sesión, nuestro proceso de toma de decisión ya había concluido. Daría el salto de valor y no solo se atrevería a reabrir la gestoría de sus padres, sino que la transformaría de tal forma que crearía un precedente en la ciudad como modelo de negocio en la gestión empresarial.

»Ahí terminó nuestra relación contractual, pero empezó una amistad que dura hasta hoy y que va más allá de nuestra relación laboral, ya que al poco tiempo fui yo quien la contrató a ella para la gestión de mis negocios y...

De pronto de nuevo una fuerte tos le sobrevino, de tal forma que no pudo continuar hablando. Por un momento pensé que no podría seguir conduciendo, pero se recuperó y continuó con normalidad.

—Vas a tener que mirarte esa tos, no llegas a recuperarte, llevas tiempo ya, ¿no? —le pregunté algo preocupado, ya que también le ocurrió en la cena de hacía unos días.

—Sí, esta semana tengo cita, pensé que ya me había recuperado, pero ya ves, en ocasiones me vuelve y no la puedo controlar. Debe ser un tipo de alergia o algo así. Mira, ya hemos llegado, estas son las oficinas.

Comprendí entonces por qué Luz gestionaba las empresas de mi hermano e imagino que también la del resto de mi familia. Su despacho, su gestoría, no ocupaba un pequeño local, ni siquiera uno de los pisos en un edificio de oficinas, su empresa ocupaba todo un edificio de tres plantas y unos quince metros de fachada. Un pequeño rascacielos, con paredes de cristales, al más puro estilo neoyorkino, pero en tamaño reducido.

En la entrada nos recibió un amable señor que nos invitó a pasar tras confirmar la cita en la pantalla de su ordenador. Parecía que conocía a mi hermano y quedó muy sorprendido al vernos a los dos juntos.

—Disculpa, Ángel, pero sois como dos gotas de agua, no sabía que tuvieras un hermano gemelo. Encantado, señor.

—Sí, lo he tenido oculto hasta que lo he necesitado, ya tengo demasiado trabajo y ocupará mi lugar en algunas reuniones —bromeó mi hermano.

Extendí mi mano y me presenté al conserje en tono amable, algo me decía que, pronto, aquel edificio también me resultaría familiar.

El despacho de Luz estaba en la última planta, y al salir del ascensor ella ya nos esperaba en la puerta y se acercó a saludarnos.

Luz era una chica que, por su aspecto, pensé que aún no tendría ni treinta años. Todo en ella irradiaba simpatía y amabilidad. Su *look* era juvenil y desenfadado, lejos del traje de ejecutiva que debería vestir por su cargo lucía unos vaqueros y una camisa colorida. Solo los tacones le otorgaban algo de formalidad a su atuendo.

Su corte de cabello, junto a unas elegantes gafas doradas, destacaban la luminosidad de su rostro y unos expresivos ojos negros.

—Pero bueno, ¡Ángel multiplicado por dos! —Fueron sus primeras palabras entre risas—. Perdona, pero es que sois idénticos.

Algo había pasado en mi aspecto, porque hasta ahora a nadie le había llamado tanto la atención nuestro parecido. Este iba en aumento conforme yo mejoraba mi físico, puesto que cuando nos conocimos debía pesar unos veinte kilos más que mi hermano. Recordé aquel día en que volví a verlo, en Los Ángeles, al otro lado de la puerta de mi casa, allí me descubrí a mí mismo, pero con diez años menos. Era yo, detenido en el tiempo, sin barba, sin barriga y con muchos menos problemas, justo en lo que me estaba convirtiendo poco a poco, gracias a su ayuda.

—Sí —respondió mi hermano sonriendo—, por fin lo conoces, él es Toni.

—Encantada, me han hablado mucho de ti, tanto Rosa como tu hermano.

Yo solo sonreí y ella continuó hablando.

—Eres un chico afortunado, Toni, muchos quisiéramos tener una familia así. Vamos, pasad, he preparado lo que me pediste, creo que le resultará atractivo —comentó dirigiéndose a Ángel mientras sonreía.

Nos invitó a pasar a su despacho, una sala de unos veinte metros cuadrados con enormes cristaleras por paredes, las cuales no solo otorgaban una gran luminosidad al espacio, sino que permitían disfrutar de unas hermosas vistas del mar Mediterráneo y el puerto marítimo de Sitges.

Sobre una gran mesa de reuniones, a un lado de la sala, se extendían unos papeles cuidadosamente ordenados, al igual que todo aquel espléndido despacho.

Luz también hubiera sido el nombre de aquella sala.

—Aquí está —dijo Luz señalando a uno de los papeles tamaño A3—, ¿conoces el modelo Canvas, Toni?

—No, me lo ha comentado mi hermano, pero no sé qué es, nunca lo había escuchado.

—Ángel me ha pedido que te lo explique y te ayude a trabajarlo de la misma forma que él hace unos años lo trabajó conmigo. —Y mirando a Ángel continuó sonriendo—. Jamás hubiera pensado que acabaría explicándotelo, porque sois idénticos…

De esta forma, acompañado de la suerte que un día decidí salir a buscar y gracias a dos de los mejores profesionales en su campo, definí mi modelo de negocios y creé un cuadrante que me permitió llegar a lo más hondo de mi proyecto emprendedor.

# Modelo canvas para el éxito de tu negocio

| Aliados | Actividades claves | Propuesta de valor | Relación con los clientes | Segmento de clientes |
|---|---|---|---|---|
| ¿Quiénes serán los partners clave en tu modelo de negocios? | ¿Qué actividades son claves para que tu modelo de negocios funcione? | ¿Qué ofrecerás a tu segmento de clientes? ¿De qué forma resolverás sus problemas? | ¿Qué tipo de relación mantendrás con tu segmento de clientes? | ¿A quién pretende servir tu modelo de negocios? |
| | **Recursos claves** | | **Comunicación y distribución** | |
| | ¿Requieres de uno o más recursos clave para tu modelo de negocios? | | ¿Cómo te conocerán y evaluarán, y cómo decidirán, comprarán y recibirán soporte post-venta tus clientes? | |

Al terminar, y por sugerencia de mi hermano, nos habló también de la forma jurídica que más me interesaría usar para iniciar mi actividad. Al no contar con socios, en un principio sería mejor comenzar como autónomo, tal y como había pensado hacerlo.

Le agradecí lo mucho que me había aportado y le pregunté si podría encargarse de la gestión legal y administrativa de mi proyecto, a lo que, como era de esperar, aceptó sintiéndose muy agradecida de poder gestionar otro proyecto más de nuestra familia.

Salí de aquel edificio con todo un modelo de negocio bajo el brazo, recogido en un simple A3, pero capaz de responder a la mayoría de los obstáculos que, en mi planteamiento inicial, junto a Ángel, me había llevado a la quiebra.

—¿Qué te ha parecido? —me preguntó Ángel cuando marchábamos hacia el coche.

—Genial, solo te rodeas de grandes personas, hermano, ¿cómo lo haces?

—¿Aún no lo has descubierto?

—Haciendo una buena selección imagino, seguro que antes habrás tenido a otros gestores que no resultaron ser como ella. ¿Es así?

—Sí, pero te aseguro que no terminé encontrando gente como Luz o como Robert por mi capacidad selectiva o por mi intuición. Si he llegado a rodearme de personas con tan gran corazón, con esa gran capacidad de trabajo y ese brillo tan especial, ha sido simplemente porque decidí convertirme en uno de ellos, porque yo soy uno de ellos, y recuerda, solo cuando SEAS podrás HACER y TENER lo que deseas, porque vibraciones similares, vibran juntas. Te aseguro que, si sigues tu proceso, llegará el momento en que mires a tu alrededor y veas que solo te acompañan aquellos a los que admiras.

Tras nuestro encuentro con Luz sentí la necesidad de contarle a Rosa cómo habíamos descrito mi proyecto gracias a aquel gran folio que llevaba bajo el brazo, además de informarle de que ya había conseguido comenzar a crear mi equipo de éxito, contando con la mejor asesoría fiscal y financiera que podría haber encontrado. Pero finalmente, al despedirme de Ángel por unas horas, el tema que centró mi conversación con ella no fue el de mi proyecto, sino el del estado de salud de mi hermano. Poco antes de llegar a casa le sobrevino tal golpe de tos que tuvo que parar el vehículo a un lado de la calle, no podía continuar conduciendo. Me prometió que tenía cita para una revisión médica al día siguiente, que no sería nada, pero al mismo tiempo desestimó mi invitación a almorzar con nosotros, llevaba días con muy poco apetito. Por suerte mantuvimos la cita de la tarde, a la que al parecer se uniría Tía Lui. Si realmente se trataba de poca cosa, hoy mismo lo descubriríamos.

Mi ilusión era inmensa, la finalidad de nuestra cita de la tarde no podría ser más importante, iríamos a escoger un local donde comenzar mi actividad. Yo ya había podido ver uno que me recomendó Rosa muy cerca de casa, a mí me encantaba y era mi primera opción, ya que cumplía con todos los requisitos que habíamos planteado, pero Ángel se había empeñado en llevarme a otro que según él me gustaría más, al parecer era un local muy demandado en el centro de la ciudad, pero gracias a un amigo había conseguido que permaneciera libre más tiempo de lo esperado, hasta que yo lo viese y decidiera por mí mismo.

Nos recogió puntualmente, nos saludó con su vitalidad habitual y, dado su aspecto físico, se disiparon todas nuestras preocupaciones por su estado de salud.

—¿Qué tal, Ángel? ¿Cómo estás?

—Genial, ¿y ustedes?

—Nosotros apenas hemos tosido, Ángel —comentó Rosa con ironía.

Ángel respondió entre risas.

—Ya. Ni yo, son pequeños ataques de asma y tos, pienso que será algún tipo de alergia que me ha salido con la edad, mañana me hago unas pruebas, pero no tiene importancia, llevo toda la tarde sin toser. He almorzado con Tía Lui, hemos quedado para cenar, esta tarde había quedado con un grupo de jóvenes para hacer fotos en el puerto marítimo con la puesta del sol, me ha dicho que, si nos apetece, nos acerquemos y que le gustaría verte, Toni, sobre todo si decides qué hacer con el local que vamos visitar ahora.

—Genial, pues nos acercaremos al puerto, ¿no? —pregunté a Rosa.

—Sí, claro.

—Recogeremos nuestras cámaras a la vuelta. Pero ahora estoy deseando ver el estudio, viniendo de ti no sé qué puedo esperarme. Recuerda que estoy empezando, Ángel. No sé dónde empezaste tú, pero el precio de alquiler no puede ser muy alto.

Y sonriendo respondió algo que no recordaba.

—Yo comencé en un hospital y una pista de fútbol, hermano, así que imagínate si puedo entenderte. Pero tú juegas con ventaja, te aseguro que si cuando yo empezaba hubiera tenido a mi lado lo que tú tienes, hubiera ido mucho más rápido. Hubiera llegado al mismo sitio, eso es seguro, pero sí que mucho más rápido y con algún que otro contratiempo menos. Esa es la ventaja de jugar la partida con o sin mentor, siempre que puedas elige hacerlo acompañado, si hay alguien que ya lo hizo antes que tú, ¿por qué no seguir sus pasos y repetir sus movimientos? "El éxito deja huellas", si sigues a personas de éxito y repites sus pasos, créeme, acabarás obteniendo sus resultados. Ni Rosa ni yo hemos credo una escuela de arte, pero sí un negocio de éxito y, como has podido comprobar, hay ciertos pasos que se repiten en la creación de todos y cada uno. Nadie empieza creando un imperio, pero todos empiezan cumpliendo unas normas, si ya fallas en alguna de ellas al empezar, difícilmente acabes estando entre ese diez por ciento de negocios de éxito.

»Ya estamos llegando, aparcaremos aquí.

Pensé que sería difícil que superara al local que había elegido, principalmente porque este, al que nos dirigíamos, se encontraba en una zona de difícil aparcamiento. Sin embargo, cuando dejamos el coche y nos fuimos acercando al lugar, mi corazón comenzó a latir con fuerza y supe que sería ese el inicio de una gran escuela de arte y diseño gráfico, porque ahí comenzó todo.

## CAPÍTULO 12

# Todo cambia si tú cambias...

*"Sé una lámpara, un bote salvavidas o una escalera. Ayuda a sanar el alma de alguien. Sal de tu casa como un pastor".*

**Rumi**

Algo me decía a dónde íbamos. No me atrevía a preguntar, pero la sonrisa en los rostros de Rosa y de mi hermano me hacía pensar que mi idea podría ser acertada. Y así fue, pasamos por delante de aquel instituto de nuestra juventud, aquel que abandoné de forma prematura; continuamos caminando un poco más y, al doblar una esquina, ante nosotros, apareció "el edificio abandonado". El mismo que a mis quince años descubrió el lado más oscuro y peligroso de mi niñez, el que me dio cobijo cuando más lo necesitaba, el que cada mañana abría sus puertas a quienes decidíamos estudiar fuera del instituto, a todos los que, como yo, por uno u otro motivo la vida les había hecho jugar una mala partida y solo allí nos sentíamos comprendidos. Compartíamos nuestra suerte sin entregar nada a cambio, sin más exigencias que las de charlar, divertirnos, fumar... También fue mi primer lienzo, en sus paredes dejé grabados muchos de mis sueños, de mis pensamientos, e increíblemente uno de ellos, treinta años después, aún estaba allí, a la vista de todos. Ocupando uno de los locales comerciales, el grafiti que años atrás había dibujado, aquel que realicé la última tarde que pasé en Sitges, donde mi corazón quedó roto al cambiar la gran ciudad, la capital, por nuestro pueblo, el mar Mediterráneo, nuestra cala y toda la naturaleza que allí se respiraba.

El destino había querido que volviese al mismo lugar donde empecé a dibujar, el único sitio donde mi habilidad era valorada y donde, curiosamente, impartí mis primeras clases de dibujo a aquellos que se sentían atraídos por la facilidad con que expresaba mi arte en aquellas paredes abandonadas.

—Cuando la gente se entere de que el autor del grafiti no solo ha vuelto, sino que ha abierto una escuela de dibujo justo en el local de al lado, no se lo va a creer —comentó Rosa cuando paramos a solo veinte metros de la fachada, donde a un lado estaba mi dibujo y al otro una gran cristalera de la que colgaba un pequeño cartel: "Se Alquila".

—Sí, y seguidamente irán a apuntarse a la escuela —continuó Ángel riendo—. ¡Bueno, vamos! ¿No? Quizá luego no te convenza, vamos a ver el interior, yo aún no lo conozco, aunque me han hablado muy bien de él, la inmobiliaria que lo gestiona es de un viejo amigo.

Hubiera sido difícil que aquel local no cumpliera con lo que buscaba. El simple hecho de cruzar la calle viendo mi dibujo marcaría la diferencia, tal y como había comentado Rosa, sin embargo, lo que lo hizo irresistible fue la carga emocional que tenía aquel lugar. Al entrar en la sala, antes de llegar a verla, antes de percibirla tal y como era realmente, reviví un momento de mi niñez, recibí la imagen de un rincón de aquel lugar, treinta años atrás, con paredes rotas y pintadas, mientras yo, sentado sobre una montaña de arena junto a Esteban, Irune y algunos de "Los vampiros", fumaba un cigarro o quizás algo más fuerte.

—Ey, Toni, ¿qué estás mirando, hermano? —Ángel me sacó de mi estado de sorpresa.

—Nos reuníamos ahí, ¿te acuerdas, Rosa? Tú viniste alguna vez, justo ahí y en la planta de arriba era donde pasábamos la mayor parte del tiempo.

—Sí, la planta superior es mayor que esta, podemos subir si lo desean —informó el responsable de la agencia inmobiliaria que nos mostraba la instalación y que se había presentado mientras yo revivía mi pasado.

—Sí, mucho más, ahí estaba el dibujo de la fachada —puntualicé yo.

—¿Un dibujo? —preguntó el joven agente inmobiliario.

—Sí, ¿no lo sabes? El grafiti que colinda con la cristalera del local cuando retomaron la construcción de este edificio estaba en una de esas paredes —le informó Rosa.

—No, me lo puedo creer, ¡no lo sabía! —El joven se mostró muy sorprendido—. Es una bonita historia, me servirá para contarla cuando muestre el local.

—Creo que no lo vas a mostrar más, chico, nos lo quedamos. Soy yo quien pintó ese dibujo.

***

Me resultaba imposible creer cómo se estaban encadenando los acontecimientos uno tras otro desde que había llegado a Barcelona, desde que, tal y como me dijo Ángel en su carta, había concluido mi programación hacia el éxito.

La vida me sonreía, ahora sí, y de nuevo, en ocasiones, me descubría dudando, ya que no sabía decir qué fue primero, que yo le sonriera a ella, agradeciendo y viviendo feliz con lo que tenía, o que ella me mostrara su mejor sonrisa en forma de fortuna y dicha en todo lo que hacía...

Como suele suceder durante las estaciones de la vida, pronto descubriría qué debe ser siempre lo primero, porque en nuestra partida no siempre las jugadas resultan como deseamos, y es justo en esas malas tiradas cuando se descubren los mejores jugadores.

Aquella noche nos reunimos con Tía Lui para cenar y contarle lo sucedido en cuanto al local. Tenía muchas ganas de verla para poder compartir con ella lo afortunado que me sentía por todo lo que me estaba sucediendo. Como siempre, su apoyo y sus palabras para mí eran muy importantes.

—Cuando estás alineado con tu propósito, agradeces por todo cuanto tienes y actúas desde el corazón en cada uno de tus actos. Suele suceder que la vida te da aquello que esperas, en ocasiones mucho más rápido de lo que habías imaginado, pero casi siempre de la forma o modo en que menos esperabas, es así, siempre ha sido y siempre será así. Al igual que detrás de cada dolor, fracaso o derrota se esconde la semilla de un aprendizaje inmensamente mayor que el que encontramos tras el éxito, Dios te ofrece la respuesta a tus necesidades no siempre como esperabas, en el modo que habías imaginado, pero sí, y en el cien por cien de los casos, en la forma en que necesitabas recibir el aprendizaje.

Guardó silencio, nadie se atrevió a continuar la conversación tras las palabras de Tía Lui. Yo sabía qué tipo de silencio era ese, y respondí como ella esperaba.

—No he llegado a entenderte del todo, ¿quieres decir que los aprendizajes de la vida llegan de modo distinto al que esperábamos y que siempre ocurre así?

—Sí y no. No siempre ocurre de manera distinta a la que habías previsto, en ocasiones, sobre todo, como te he dicho, si te encuentras alineado con tu propósito, si vives en sintonía con las leyes universales, serás capaz de crear la realidad que deseas y materializar en tu mundo físico aquello que creaste en tu imaginación, pero esto no siempre será así. Tendrás que realizar aprendizajes, crearás y te llegarán situaciones, experiencias que, aunque sean dolorosas o pienses que jamás podrías haberlas creado para tu vida, las necesitas en esta partida que viniste a jugar, ya que te permitirán crecer y solo ellas te posibilitarán realizar determinados aprendizajes que, finalmente, con el paso del tiempo, entenderás qué vinieron a enseñarte y por qué se aparecieron en tu camino.

»Es por eso por lo que ahora sientes que todo te está saliendo bien, que la vida te sonríe continuamente, y es que, si miras atrás, jamás tuviste un corazón tan limpio, jamás tuviste una mente tan clara, ¿no es así?

Ahora fui yo quien guardó silencio. La pregunta era sencilla, pero su idea muy profunda. Era verdad, a lo largo de mi vida siempre había sentido el dolor de la pérdida clavado en mi corazón, el odio a la vida por haberme causado tanto daño y haberme tratado tan mal. Mis pensamientos, en consecuencia, siempre habían estado cargados de dudas, incertidumbre, egoísmo, venganza... y con la lectura de la carta descubrí que, sobre todo, en mi forma de pensar y de actuar había mucho miedo...

—Jamás viví desde el amor, gracias a todo este proceso, a este aprendizaje que he podido realizar con vuestra ayuda, una de las cosas que he descubierto, puede que la más importante, es que tras el accidente quedó en mí una sensación de incomprensión, de continuo dolor, que me impidió actuar desde el amor y, de este modo, siempre lo hice desde el miedo. Miedo a la pérdida del trabajo, del dinero, de mi felicidad, miedo al dolor, causado por el desamor, por la escasez, por la propia pérdida en sí, y miedo a no ser capaz de ser feliz, a no encontrar el verdadero sentido a la vida, ya que jamás me sentí satisfecho con lo que vivía.

En cambio, ahora, cuando le he dado la vuelta al cristal con que miraba mi propia existencia, cuando he empezado a verla desde el amor por todas y cada una de las cosas que me aporta y me ofrece cada amanecer, he descubierto que la felicidad siempre está dentro de cada uno de nosotros y que solo depende de mí aceptar la realidad o desde el dolor que te lleva a la tristeza, a la muerte, o desde la fuerza, que te lleva a la alegría y te hace crecer. Pienso que está ahí el secreto, y por eso cada día me encuentro con cosas que me hacen tan feliz.

Tras una larga pausa, Ángel continuó.

—Qué bien, Toni, no sabes lo que significa para mí, bueno, para todos, que hayas llegado a esta conclusión, que hayas descubierto la verdad de la vida, que no es otra más que esa que acabas de decir. De esta forma, hasta los momentos más duros, como la pérdida de un ser querido, como la enfermedad, realmente las únicas cosas de importancia, podrás vivirlos desde el amor y afrontarlos de manera totalmente distinta. Es ahí a donde queríamos que llegaras, a donde todo ser humano debe aspirar en su crecimiento personal y desde ahí continuar la partida, sabiendo hacia dónde va y para qué ha venido a jugar. Tú ya lo has descubierto, ahora toca la acción, hermano, si te estancas mueres, si te mueves, creces. —Y mirando a Rosa continuó—: Rosa, ¿no crees que podría elaborar ya algunas propuestas de éxito asegurado? ¿No te parece? Ahora que ya tiene clara su idea de negocio, que, por cierto, falta muy poco para iniciar, pienso que serían llamadas a la acción que le vendrían muy bien.

Yo guardé silencio y miré a Rosa, ella por mi expresión comenzó a reír.

—Sí, claro, pero no te asustes, Toni, será algo que te guste y te aportará muchísimo. Todos las usamos, aunque, por cierto, hace mucho que no lo hago, aún tiro de tarjetas anteriores, pero hace tiempo que no me siento a crear. Lo haremos esta noche.

—No tenemos que entrar en vuestras intimidades, Rosa —comentó con ironía y sonriendo Tía Lui. No esperaba ese tipo de broma viniendo de ella, por lo que su comentario me ruborizó e hizo estallar en carcajadas a mi hermano.

Pero esas mismas carcajadas le llevaron a una fuerte tos que de nuevo le hizo abandonar la mesa que compartíamos.

\*\*\*

Exceptuando el momento de preocupación que de nuevo nos generó la tos de mi hermano, la cena se desarrolló con normalidad y el tiempo pasó muy rápido entre risas y recuerdos de buenos momentos de juventud, compartidos por Tía Lui y Ángel principalmente.

Nos despedimos, no sin antes habernos asegurado del compromiso adquirido por mi hermano para asistir al día siguiente a su cita médica. No permitió que ninguno le acompañásemos, ya que las pruebas no tendrían importancia alguna, pero al menos sí nos prometió que asistiría a la revisión.

—He cogido estas vacaciones para estar con Toni y con ustedes, no para perder tiempo de médico en médico, os aseguro que iré, pero no pienso hacerme muchas más pruebas que las de mañana. Yo ya visité a los médicos en su momento, creo que los vi tantas veces que podría vivir otras tres vidas como una persona sana y aun así me sobrarían consultas para regalar.

Así fue de tajante Ángel en cuanto a su actitud ante la visita a su alergólogo, que, aunque nos doliera, no estaba falto de razón.

Al llegar a casa, Rosa me propuso salir a la terraza para comentar lo que nos había pedido mi hermano acerca de tomar acción y de lo que ellos llamaban: "Propuestas de éxito asegurado". A mí me encantó la idea. De nuevo la luna y el sonido de las olas amenizaba nuestra cita. ¿Qué más podía pedir a la vida?

—Toni, cuando estás creando tu empresa, si estás en proceso de emprendimiento, lo primero que debes saber es que el mercado está lleno de buenos técnicos, de buenos profesionales que quizás no alcancen tu nivel, pero que desarrollan su trabajo muy profesionalmente. Pero son solo eso, "técnicos", y no gestionan, crean y desarrollan proyectos empresariales, a lo sumo un autoempleo, pero no van más allá. Si tu idea no es la de ser el mejor técnico del mercado, sino que aspiras a algo más, si no te desvinculas del dibujante, del publicista que llevas dentro, jamás llegarás al siguiente nivel, jamás tu proyecto emprendedor llegará a ser algo más que un buen trabajo de autónomo.

Esto hace referencia a la ley del tope que ya hemos visto, muchos autónomos, emprendedores, jamás llegan a algo más porque no conocen o comprenden esta ley, y son ellos mismos los que consciente o inconscientemente colocan el techo a su negocio y les impide seguir creciendo y desarrollándose.

»Si tú no quieres estar ahí siendo tu propio limitador, impidiendo que tu proyecto emprendedor crezca, debes desvincularte del ideal de técnico y comenzar a actuar, a trabajar desde la posición del emprendedor, y para eso una de las técnicas que siempre hemos usado es la que te hemos comentado, la de elaborar las que llamamos *propuestas de éxito asegurado*.

»Para esto vamos a utilizar este bloc de notas. —Y puso ante mí el cuaderno que hasta ahora había llevado en sus manos—. Lo vamos a llamar "Propuestas de éxito Asegurado", y debes comprometerte a anotar en él, al menos, una propuesta innovadora cada semana. Dedica un día de la semana a "salir del negocio" y **pensar** en cómo puedes llevarlo a la excelencia, en la zona de los buenos ya hay muchos y en la de los mediocres aún más. Recuerda que ayudar a más personas desde el desarrollo de tu propósito de vida es el ideal que todo el mundo desea, aunque muy pocos lo conocen. Tu propósito está muy unido a la expresión artística y al *marketing* digital, y es ahí desde donde puedes mejorar la vida de muchos, no solo ofreciendo un servicio y una enseñanza de calidad (ayuda desde el producto), sino creando puestos de trabajo desde una posición de ganar-ganar, atractivos, positivos, justos y enriquecedores, que favorezcan el crecimiento humano y profesional de las personas que se integren en tu equipo (ayuda desde el negocio).

»De todas estas propuestas que vayan surgiendo, no te asustes al descubrir que eres capaz de proponer muchas, solo elige aquellas que cumplan con la puntuación más alta en estas dos escalas: *Aplicabilidad* en estos momentos y *Nivel de excelencia* de la propuesta. El resto de ideas no las borres, estarán ahí esperando su momento, y probablemente les llegará.

»De las que hayan obtenido una puntuación más alta debes seleccionar una y escribirla en alguna de estas tarjetas. —Y del interior del cuaderno sacó unas pequeñas cartulinas de unos diez centímetros de largo por cinco de ancho—. Y en la esquina superior derecha colocar una fecha máxima para la puesta en marcha (esta fecha no puede ser superior a dos semanas) y colocarla en un lugar bien visible. Este será tu compromiso para el éxito asegurado, llevar a la práctica tu propuesta en menos de quince días, y no te asustes, si hiciste una buena valoración de la idea no te será difícil ponerla en marcha en este periodo, algunas incluso te sorprenderán, no solo del poco tiempo que te lleva ponerlas en funcionamiento, sino de cómo se introducen en tu negocio de manera natural.

»Tu objetivo debe ser conseguir hacer realidad en fecha al menos dos propuestas al mes. Si lo consigues, en tres meses tu negocio tendrá en el mercado seis propuestas de mejoras… Y en un año habrás sido catapultado hacia la cima, la excelencia será tu marca personal.

Ante mi cara de sorpresa y satisfacción por la propuesta, Rosa continuó explicándome.

—Bueno, este es un paso posterior, pero me gustaría que lo conocieras para que tu visión fuera un poco más allá. Dentro de un mes o quizás algo menos, serás capaz de elaborar tarjetas cuya fecha no sea igual o inferior a quince días, sino superior o muy superior, porque quizás la complejidad de la misma no te permita recortar los plazos, pero como te he dicho, esto será en un periodo de tres o cuatro semanas, momento en que habrás descubierto que tu capacidad de llevar a la práctica las ideas es muy superior a lo que pensabas. Llegados a este punto, serás capaz de planificar más a medio y largo plazo con la certeza del éxito asegurado, ya que habrás comprobado cómo tu capacidad y la concentración en el desarrollo de tu propósito de vida te hacen imparable.

»¿Qué te parece? —me preguntó tras una breve pausa, mirándome a los ojos.

—Que eres lo mejor que me ha pasado en la vida, te amo…

## CAPÍTULO 13

# Análisis, no parálisis...

*"Los años arrugan la piel, pero renunciar al entusiasmo arruga el alma"*
Albert Schweitzer

Aquella mañana, tras repetir mi rutina matutina, dediqué unos minutos a crear unas nuevas afirmaciones, ya que la visita del día anterior me había dado una idea, la idea de disfrutar por encima de todo de aquello que iba a comenzar.

Y creé varias, las modifiqué todas, pero de las cuatro afirmaciones que decidí usar desde aquel día mi preferida fue esta:

**"Disfruto y me divierto en mi escuela de arte y marketing digital"**

Sería fundamental que, en este proceso de emprendimiento en el que me embarcaba, principalmente me sintiera bien al hacerlo, que al igual que cuando hacía surf, mi trabajo resultara divertido. Y estaba seguro de que podría serlo, porque dar clases era algo que me encantaba y, al mismo tiempo, sabía que tenía mucho por enseñar, porque quizás no llevé una vida de éxito, quizás cometiera muchos errores, pero jamás dejé de trabajar con dedicación y responsabilidad, y eso, pese a mi actitud, siempre me permitió seguir aprendiendo, seguir trabajando allá donde estuve.

Pero, tras mi rutina, aquella mañana mi principal pensamiento estuvo dirigido a mi hermano y a su revisión médica. No quería darle importancia, intenté continuar con lo que había programado, pero continuamente me asaltaba la idea de llamarlo, de querer anticiparme al diagnóstico, hasta que, de pronto, un fuerte dolor en mi pecho me hizo sentir que era yo el que peor estaba de los dos, que era yo mismo por el que tenía que preocuparme. Jamás había tenido esa sensación de presión, de dolor en mi pecho, que me obligó a sentarme y durante unos minutos a concentrarme exclusivamente en mi respiración, una respiración profunda, pausada, que fue calmando mi molestia.

Pensé que me había enfrentado por primera vez a un cuadro de ansiedad. Los había vivido en muchas ocasiones cuando trabajaba en Madrid y la presión de sacar proyectos adelante como condición para mantener tu puesto de trabajo generaba cuadros de ansiedad entre los compañeros casi a diario.

Yo siempre trabajé con mucha presión, incluso me autoexigí más de lo que debía, trabajando hasta quince horas diarias, buscando, de la manera más egoísta posible, mi propio beneficio, pero, pese a todo, jamás llegué a tener esta sensación ni pensé siquiera que pudiera llegar a sucederme a mí.

Por suerte, tras calmar mi dolor un mensaje en el móvil me tranquilizó. Era de Ángel.

*"Todo ok, posible asma alérgico.*
*Te recojo en un rato".*

Me invadió una enorme sensación de alivio y tranquilidad, los antecedentes de mi hermano no eran buenos, las causas de una pequeña sintomatología para él podrían distar mucho de la que se esperaría para cualquier otra persona.

Por suerte, tal y como nos decía, no detectaron nada importante.

Estaba deseando volver a verlo y darle un abrazo, uno de tantos que guardaba en el deber de nuestra relación, uno de tantos que debí haberle dado cuando la vida dejó de sonreírle siendo aún solo un niño.

No tardó mucho en llegar a casa, eran casi la una del mediodía y descubrí cómo la salud puede llegar a dejar de lado todo lo que te plantees, puede cambiar todos tus planes de la noche a la mañana y dirigir tu existencia con mayor fuerza de la que lo haría cualquier propósito o planteamiento que realices en tu vida. Por suerte, ese no era nuestro caso, y en cuanto abracé a mi hermano, en cuanto comprobé que su sonrisa y sus ánimos estaban intactos, lo único que deseaba era salir a celebrarlo, estar junto a él, Rosa, Tía Lui y Robert charlando y riéndonos de nuevo.

Pero él tenía otros planes para aquel día.

—Vamos, hemos quedado en el estudio de Rosa, allí vamos a trabajar algo que te ayudará en tu proyecto.

—Pero, Ángel, cuéntame, ¿qué te han dicho? He estado muy preocupado.

—Que está todo bien. Que probablemente sea el típico caso de asma producido por una alergia. Mañana me realizan otras pruebas para comprobar qué tipo de reacción puede ser.

—¿Y no te han puesto tratamiento ni te han recomendado nada?

Justo ahí, un fuerte ataque de tos le sobrevino de nuevo. Pensé que no podría seguir conduciendo, pero aminoró la velocidad y pudo continuar hasta que se le pasó el cuadro asmático, que si no llega a ser porque los doctores que veían a Ángel me constaban que eran los mejores, hubiera jurado que eso no podría ser un simple brote de alergia.

Por suerte, durante el resto del día y hasta que nos vimos con Rosa y Tía Lui en el almuerzo, no volvió a repetirse la situación.

—La matriz DAFO es algo que me ha ayudado a esclarecer por dónde empezar a tratar los problemas de muchas empresas o a determinar qué se debía reforzar en otras de mucho éxito. Eso será lo que elaboremos hoy, te va a gustar, hermano, además nos ayudará Rosa, quizás eso te guste aún más. —Me miró sonriendo y, mientras continuaba conduciendo, agarró fuertemente mi pierna con su mano derecha en señal de afecto.

Era increíble la de gente que conocía mi hermano Ángel, me sorprendía cada vez que paseábamos porque no paraba de saludar a unos y otros. Algunos se detenían y le preguntaban por su salud, se mostraban curiosos por mi aparición repentina o recordaban anécdotas del pasado, otros muchos simplemente saludaban al pasar o le llamaban en la distancia, pero todos, y eso fue lo que más me sorprendió, siempre lo hacían con una sonrisa en su rostro, siempre lo hacían con muestras de simpatía. A lo que él también respondía igual, con su eterna sonrisa, no me extrañaba que la vida le hubiera sonreído tanto.

Llegamos al estudio de Rosa. No tuvimos que llamar, Ángel tenía llaves, lo que me pareció muy curioso. Era increíble la gran confianza que este grupo de amigos - hermanos - socios tenía. Recordé que, según me contó

Rosa, al principio era ella la que usaba las oficinas que alquilaba Ángel, hasta que, poco a poco, adquirió las mejores instalaciones al reformar el viejo hostal de su tía.

Pasamos a la sala principal situada en la segunda planta, la más amplía e iluminada del edificio, aquí mantenían las reuniones más numerosas e incluso realizaban formaciones para sus equipos.

Sobre la mesa principal un gran pliego de papel de casi un metro cuadrado aparecía dividido en cuatro por dos líneas que se cruzaban en el centro, junto a él rotuladores y pósit de colores, y a un lado de este en tamaño A3 una imagen a color que identificaba lo que veníamos a tratar allí, la MATRIZ DAFO.

—Pues bien, hermano, aquí trabajaremos la matriz DAFO, fíjate, es esto. —Y me señaló la lámina que contenía el gráfico con ese título.

Justo en ese momento entró Rosa en la sala.

## Una matriz dafo para el éxito de tu negocio

—¡Hola! Por fin estáis aquí, ¡qué alegría, Ángel! —Y le dio un efusivo abrazo. Imaginé que ella, al igual que yo y que Tía Lui, habría estado preguntándole durante toda la mañana. Tras esto se acercó a mí, me besó en los labios y agarró mi mano para hablarme.

—Prepárate, hoy tendrás trabajo aquí de nuevo —afirmó sonriendo y mirándome a los ojos.

—Bueno, pero tendrá ventaja, tú le serás de gran ayuda, si te parece en veinte o treinta minutos te aviso y continúas tú, ¿no? —le preguntó Ángel.

—Sí, genial, yo ya estoy terminando con Patricia, en cuanto me digáis subo. —Me guiñó un ojo y volvió a besarme para despedirse. Mientras se marchaba la observé con una tonta sonrisa en mis labios, embelesado en su caminar, enamorado de todos y cada uno de los poros de su piel.

—Mira, Toni. —Mi hermano me sacó de mi estado hipnótico poco antes de que ella abandonara la sala—. Esta es la matriz DAFO, de momento nos centraremos en esta imagen para explicarte en qué consiste, luego utilizaremos todos estos materiales para elaborar la tuya. —Acercó la lámina más pequeña que incluía el dibujo y comenzó a describirla. Yo jamás había visto esta gráfica.

»Gracias a esta matriz podrás realizar un análisis de tu negocio antes de empezar. Al igual que el modelo Canvas te permitió hacer un estudio y una muy buena definición de tu modelo de negocio, esta herramienta favorecerá la definición de aspectos de tu proyecto y del entorno donde se desarrolla, que te permitirán comenzar, dirigiendo así tu atención allí donde más lo necesites, ya sea en cuanto aquello por lo que destaque tu o idea o, al contrario, lo que debes cuidar e intentar mejorar a nivel interno o externo.

»Comencemos, fíjate... —Y de esta forma fuimos viendo cada uno de los puntos de una matriz DAFO, aquel modelo que mi hermano ya había puesto en práctica antes con empresas de todo el mundo.

»El cuadrante tiene dos lados, en uno aparecen los aspectos negativos y positivos, mientras que en el otro se recoge el origen de los datos que analizar, que pueden ser internos o externos, y del cruce de estos conceptos, donde los aspectos negativos se cruzan con el origen externo o donde aspectos positivos enlazan con el origen interno, por ejemplo, salen las iniciales: DAFO.

»D... se refiere a las debilidades de tu proyecto, aquellos aspectos que a nivel interno sabes que pueden mejorarse de algún modo. Solo este punto realizado de manera sincera y exhaustiva ha salvado la vida a varias empresas con las que he trabajado.

»A... las amenazas que tu empresa se va a encontrar o ya está teniendo que superar y que provienen del exterior. No pertenecen a tu proyecto, tú no puedes controlarlas, pero sí puedes y debes actuar frente a ellas.

»F... las fortalezas, aquellas características que destaquen de tu proyecto, que os diferencien y os hagan fuertes ante la competencia. Este punto es el que muchas empresas descuidan, porque piensan que siempre será así, pero si no se gestiona de manera correcta, si no lo cuidamos e incluso lo reforzamos, aunque hoy te parezca imposible, tus fortalezas, con el paso del tiempo, pueden acabar siendo tus propias debilidades. Créeme, también lo he podido comprobar en empresas que, tras más de diez años ofreciendo un servicio con resultados, acabaron modificándolo casi en su totalidad, porque las necesidades habían cambiado y nadie se estaba dando cuenta.

»O... oportunidades. Las grandes empresas, los proyectos que han llegado a revolucionar el mercado, son aquellas que han sido capaces de detectar oportunidades donde otros no fueron capaces de verlas. Aprovechar opciones que pasan desapercibidas para la mayoría es lo que marca la diferencia. Fíjate, por ejemplo, en la empresa Starbucks Café ellos detectaron en el consumidor de café medio la necesidad de hacerlo en un sitio distinto, mucho más acogedor, donde la experiencia de tomar café se complementará con otras sensaciones, llegando así a convertir el tiempo para el café en algo mucho más prologando, especial y distinto. De esta forma, y dado que el café es la bebida más consumida en nuestro planeta después del agua, cubrirían las necesidades de un porcentaje de población que, por pequeño que fuese, significaría un elevado número de consumidores. ¡Y tanto! Actualmente hay quince mil tiendas distribuidas por las ciudades más importantes del mundo.

Quizás si elaboras bien tu DAFO en unos años haya también quince mil escuelas de Toni por el mundo —concluyó bromeando mi hermano.

Tras comprobar brevemente que lo había entendido todo, Ángel envió un mensaje a Rosa para que supiera que habíamos terminado.

—Bien, ¿qué tal, Toni? ¿Lo has comprendido? —preguntó Rosa al entrar en la sala.

—Sí, parece que no tiene dificultad, quizás ahora al comenzar surjan dudas, pero es bastante clara y sencilla.

—Sí, ¿verdad? Pues verás todo lo que es capaz de aportarte cuando comiences a trabajarla.

—Bueno, pareja, si os parece yo me marcho, nos veremos esta noche y me cuentas cómo te ha ido, Toni.

—Muy bien, muchas gracias, hermano. —Y me acerqué de nuevo y le di un fuerte abrazo—. Gracias —le repetí mirándole a los ojos.

—Gracias a ti por permitirnos ayudarte, es un placer, y aún lo será más ver crecer tu negocio. Adiós, Rosa, dame un beso.

Y de este modo se marchó, y a solas nuevamente trabajé con Rosa como dos simples amigos, como mentor y mentoreado... como la mejor profesora y su alumno más enamorado.

CAPÍTULO 14

# Todo final tiene su comienzo...

*"La mayoría de las veces, la diferencia entre ganar y perder es no renunciar"*
**Walt Disney**

Fue maravilloso, como todo lo que había hecho hasta ahora en relación a la creación de una academia de éxito. La matriz elaborada junto Rosa, cada uno de los pósit que fuimos colocando, me permitió conocer un poco más el negocio en el que empezaba, los aspectos más relevantes sobre los que trabajaríamos, y de este modo comenzar desde una perspectiva muy distinta a la que lo haríamos sin haber pasado por un proceso previo de reflexión, de creación de cimientos sobre los que sustentar mi proyecto.

No volvimos a ver a Ángel hasta la cena, donde de nuevo compartimos tertulia con Tía Lui. Me pidieron que les describiera los resultados más relevantes de mi matriz y así lo hice, lo que nos permitió conversar y reír, sobre todo, al recordar mi hermano muchas de las anécdotas vividas con las diferentes empresas y empresarios a los que había asesorado.

Sin embargo, la mayoría de los momentos de risa los acompañaba de un pequeño golpe de tos que se le hizo tan incontrolable, ya al final de la cena, que tuvo que abandonar la mesa. A su regreso, y como siempre sonriendo, nos pidió disculpas y se marchó a casa, nos informó de que tendría que salir durante un par de días, ya que Robert le había pedido que fuese a Madrid para participar en una reunión. Sería solo un par de días, pero por lo que me encargó a mí me pareció que estaría fuera un par de semanas.

Me recomendó que leyera un libro, *El mito del emprendedor* se llamaba, que creara mi Manual de Funcionamiento, el organigrama de mi empresa y un cronograma para la puesta en marcha del negocio. Restaba poco para la puesta en marcha y no había tiempo que perder, me dijo. Además, con el apoyo de Rosa y Tía Lui, todo sería mucho más fácil. Eso fue lo que me tranquilizó, sabía que con su ayuda podría concluir en tiempo cualquier tarea que me encomendaran.

Y así lo hice, al día siguiente y tal como me recomendó Rosa, comencé elaborando el cronograma, necesitaba tener organizados los tiempos para poder comprobar, de este modo, si marchábamos con retraso o, al contrario, podíamos ir adelantando pasos y plazos de consecución.

Resultó genial, abracé a Rosa cuando lo concluí y comprobé que, tal y como habíamos planeado, en menos de tres meses y siguiendo la propuesta de aquella cena mi academia estaría funcionando. Era maravilloso pensar que todo lo que allí habíamos plasmado fuera sucediendo según lo previsto. No recordé lo que ya me había enseñado Ángel, que lo importante de los planes es simplemente el hecho de realizarlos, ya que muy probablemente luego tengas que hacer tantas modificaciones que acabes ignorando todo lo que habías escrito.

En ese momento no pude imaginar que aquel maravilloso cuadrante, cargado de fechas y colores, acabaría sobre la misma mesa que lo dejé aquella tarde por casi dos meses...

***

Pasaron un par de días de ritmo extenuante, pero al llegar la noche en la que según lo previsto volvería Ángel todo mi trabajo estaba hecho, solo restaba terminar de leer el libro, que, debido a lo enriquecedor que me estaba resultando, había decidido aumentar el plazo para su finalización. Realizaría así una lectura mucho más pausada, tomando anotaciones y un resumen muy completo de cada uno de sus capítulos.

Esa noche Ángel solo nos puso un sencillo mensaje informando de que volvería tarde, que ya nos veríamos al día siguiente y que estaba mejor de la tos. Apuesto a que mi hermano jamás había mentido tanto en tan pocas palabras.

A la mañana siguiente, como la mayoría de los días, me dirigí a La cala a pasear y meditar durante unos minutos. Al ir acercándome fui distinguiendo una silueta que me resultaba familiar y que acabé conociendo finalmente, mi hermano me esperaba próximo a la entrada que solíamos usar.

—¡No te esperaba! ¿A qué hora llegaste?

Nos fundimos en un abrazo, la expresión de mi hermano no era la habitual, su sonrisa escondía preocupación y el entusiasmo que solía derrochar en sus expresiones permanecía dormido aún.

—Llegué temprano, solo que no me apetecía salir a cenar, tenía ganas de llegar a casa, leer un poco e irme a la cama temprano, han sido un par de días muy duros, diferentes.

—¿Sí? Cuéntame, ¿qué ha pasado?

Su silencio no fue el habitual, no venía precedido de una pregunta poderosa ni de una dura afirmación, ahora le tocaba hablar a él, exponer la situación que le había causado tal agotamiento, pero en lugar de palabras un duro silencio, acompañado de lágrimas y una profunda mirada al corazón, me hizo estremecer.

—¿Qué pasa, Ángel? —le pregunté asustado agarrando sus brazos.

No hubo respuesta, me abrazó, y durante lo que para mí fue una eternidad lloró en mi hombro, y lloró hasta que tuvo fuerzas para hablar y, entre lágrimas, sus palabras destrozaron mi vida...

—Me muero, hermano, me muero... ¡lo siento!, ¡lo siento!, ¡lo siento!

—¡Qué dices! —intenté separarme, mirar a sus ojos, deseando ingenuamente que lo que decía fuese mentira. Pero no podía hacerlo, me abrazaba con fuerza mientras lloraba pidiendo perdón...

Y lloramos, y lloré entre sus brazos aún sin saber por qué la persona más importante de mi vida, mi alma gemela, me anunciaba su muerte en el mismo lugar que yo había vuelto a nacer.

***

—Pero, Ángel, por favor, dime qué te ocurre. ¿Por qué dices eso?

Y separándose de mí, mientras secaba sus lágrimas con ambas manos, se sentó en la fría arena de la playa.

Y mirando al mar escuché la historia más dolorosa que jamás he oído, una historia de amor de la que solo alguien como mi hermano podría ser protagonista.

—Como sabes, el cáncer me quitó una pierna y media vida. Se llevó la vida de María y me dejó solo con la mitad de mí, con la mitad de lo que yo era. Jamás he vuelto a ser el mismo y, aunque volví a mis negocios, a mis relaciones con los demás e incluso a recuperar el ánimo, en cada batalla o proyecto que emprendía yo sabía que el único motivo de mantenerme en este plano físico, en este mundo, era el de conseguir algo muy grande, el de dejar un legado para otros gracias a mi propósito de vida, y de este modo hacer justicia a la enfermedad, demostrándole mi victoria antes de permitirle que me llevase con ella. Porque yo conozco su plan de acción y aun así no he sido capaz de vencerla.

»Sabía que, si no rompía con mi dolor, el que me produce mi amor hacia María, algún día, cuando mi misión estuviera conclusa, el cáncer llamaría a mi puerta y vendría a llevarse lo que me restaba de vida. Lo sabía, hermano, pero no he podido evitarlo.

»Durante años, cuando tuve miedo a la muerte, cuando descubrí sus reglas, intenté romper con todo mi pasado, centrarme en mi futuro y olvidar a María, asumir su marcha, rehacer mi vida, recuperar el amor junto a alguien que me diera vida, que me ofreciera oxígeno si llegado el momento lo necesitaba, pero no pude hacerlo. Jamás nadie pudo ocupar su lugar, siempre volvía a ella, siempre acababa entre lágrimas de dolor, aunque la chica a la que hubiera conocido fuese puro amor y simpatía... Pienso que el extremo de mi hilo se marchó con ella, y no sé si por error o porque así funcionan las leyes del amor, aun buscando por todo el planeta, volví a encontrar un nuevo hilo en mi meñique que me uniera a otra mujer. Y supe así que mi destino estaba escrito, que solo faltaba concluir mi misión para viajar junto a ella... y entonces apareciste tú.

—¿Yo?

—Sí, Toni, en cuanto Rosa me habló de ti, de tu situación, un sentimiento de protección, de entrega hacia tu persona, me embargó de tal manera que no pude más que buscar la forma de ayudarte. Y fue Rosa a quien intenté usar en primer lugar para tu protección. Yo ahí aún no había descubierto nada, solo sentía que no podía volverte a perder, pero este sentimiento no era solo mío, Tía Lui también necesitaba tenerte entre nosotros ya de manera definitiva.

»Por eso en ese primer momento no pensé que fueses tú la misión inconclusa de mi vida. Hasta que recibimos la llamada de Rosa y volviste a huir, esta vez cargado de miedo y con tu vida en peligro.

»Fue ahí cuando lo descubrí.

—¿Descubriste qué? No te entiendo, no sé qué quieres decirme.

—Que tú eras mi última misión, que tú serías el legado que debía dejar y que solo cuando te salvara mi vida habría tenido sentido, tú serías quien continuara por mí todo lo que aprendí, la misión que vine a realizar, para lo que Dios me permitió quedarme en la tierra, aunque fuese con tan solo media vida. Sabía que así yo también cumpliría las reglas de esta dura enfermedad, y pese a todo, salí a buscarte.

—¿De qué reglas hablas? No te entiendo.

—Las de esta enfermedad. El cáncer cumple patrones que se repiten y que hasta ahora muy pocos han sabido abordar. Yo soy uno de los que no he sabido romper con sus reglas del juego y descubrí que algún día el dolor que causaba en mi interior la muerte de la mujer de mi vida acabaría dejándome sin oxígeno, sin ganas de continuar respirando, como tantas y tantas veces sucede.

»Sabía que, si en mi vida no aparecía nadie que ocupara el sitio de María, la pena, su recuerdo, tarde o temprano

## TONO FINAL TIENE SU COMIENZO...

me ahogaría, y esto me ayudaría a reencontrarme con ella mucho antes de lo previsto. Pero también descubrí que, antes de marcharme para siempre y puesto que ya había luchado contra esta enfermedad venciéndole en otras batallas, algo muy grande tendría que hacer en esta vida. Por eso durante años mis negocios fueron creciendo, mi dedicación a los demás fue en aumento, mis acciones solidarias se multiplicaban, y en ninguna, por suerte, hallé mi legado final, hasta que te descubrí y supe que eras tú a quien debía salvar, que eras tú mi misión, con la que acabaría mis días en cuanto la partida fuera llegando al final, y así ha sido.

—Pero, ¿al final por qué? ¡No te entiendo!

—Al final porque has aprendido mucho, lo has hecho muy bien. Eres otro hermano, mírate, no eres el Toni que conocí en Los Ángeles, tu vida ha cambiado por completo, has aprendido de forma magistral cada una de las lecciones que te enseñamos, has llegado a ser el legado que siempre quise dejar en esta vida. Y ahora que ya tienes una vida de éxito y, lo más importante, sabes cómo la has logrado y cómo lo volverás a lograr si lo necesitas, mi misión ha concluido, ya no tiene sentido que continúe. Aunque quisiera evitarlo, ya no podría.

»Perdóname, pero siento que ha llegado mi momento y que nada podré hacer para evitarlo. Solo te pido que me ayudes a salir de la partida, que me comprendas y me ayudes.

—Pero, ¿por qué? ¿Qué te han dicho los médicos?

—Tengo afectado un pulmón y posiblemente exista metástasis, quieren operarme mañana y ver qué posibilidades hay.

—Pues genial, seamos optimistas, tú me lo has enseñado, luchemos por salvar tu vida, hermano. Cada día se salvan miles de personas de este tipo de cáncer, ¿por qué has decidido que tú no serás uno de ellos?

—Porque no quiero. No tengo fuerzas para empezar de nuevo, no sabes lo que luché, lo que supone enfrentarse a esta enfermedad, mirarla a la cara frente a frente y decirle: "No podrás conmigo". No, solo así podría vencerla, pero ya no quiero. No quiero perder batallas, porque tendré que perder algunas antes de ganar su guerra. Ya no quiero volver a luchar, hermano, lo siento, lo hice dos veces en mi vida, casi tres si contamos a Tía Jessica, aunque su proceso no me afectó tan de lleno, pero sí lo hice con el mío y con el de María. Créeme, hermano, es muy dura la lucha y sé que no estoy preparado.

»Mi porqué ya no existe, por suerte lo he concluido, permíteme que así sea, que así suceda, y acompáñame en mi despedida, sé cómo te sientes y el dolor que voy a causarte, hermano, pero por tu amor hacia mí respeta mi decisión y acompáñame en estos últimos momentos...

»No sé cuáles serán sus tiempos, estos nunca se conocen, pero sí sé que me permitirá disfrutar todavía de buenos momentos, que me dará respiros en los que vivir, saborear las pequeñas cosas, disfrutar y reír junto a mis seres queridos.

»Ayúdame a marchar con una sonrisa en mis labios, Toni, acompáñame en este final de mi partida y te prometo que saldré del juego solo cuando hayamos sido las almas gemelas que vinimos a ser, solo cuando Toni y Ángel Peñalosa tengan una vida compartida que contar...

Y mirando al mar lloré.

Por el ángel que salvó mi vida.

El mismo que ya había decidido marchar hacia las nubes.

## CAPÍTULO 15

# Los ángeles siempre tuvieron alas...

*"La gente se vuelve realmente muy notable cuando empieza a pensar que puede hacer las cosas. Cuando creen en sí mismos tienen el primer secreto del* **éxito***".*
Norman Vincent Peale

Mi vida se derrumbaba nuevamente, cuando todo era mucho mejor de lo que jamás imaginé mi historia volvía a teñirse de dolor y tragedia. Y nuevamente la responsabilidad caía sobre mí, me sentía culpable de su enfermedad, de su decisión, era yo quien permitía hacer realidad su profecía, no podría permitirlo.

—Ángel, de verdad, no puedes actuar así, me siento tan culpable de tu decisión. ¿Realmente he tenido que aparecer en tu vida para que vuelva esta enfermedad y decidas además no hacer nada por vivir?

—¡No! No, Toni, no es así. Tú no eres el culpable, solo yo soy responsable de mi situación, ya te he dicho que siempre supe lo que ocurriría si no era capaz de saldar mi deuda de amor a María. Mi amor hacia ella generaría de una u otra manera la vuelta de esta dura enfermedad a mi vida. El cáncer es así, tiene sus propias reglas, patrones que se repiten en todos los seres humanos, tú aún no los conoces, pero yo tuve mucho tiempo de aprender y supe encontrarme en ellos.

»Créeme, el único responsable, el único culpable de lo que me ocurre, como ya has aprendido, soy yo. Ya sabes que debemos asumir la responsabilidad cien por cien de nuestras vidas, no te engañes ahora y quieras asumir parte de la mía, hermano, es mi decisión, mis circunstancias, mi partida.

»No te culpes, al contrario, eres mi héroe, la persona que vine a salvar para que transmitiera mi legado, aquel que siempre soñé con dejar tras mi partida. Quien me va a permitir marchar de esta vida con la mejor sensación posible, sabiendo que el trabajo está hecho, que Ángel se va, pero queda Toni y con él un pedazo de mí seguirá existiendo en este plano físico. De verdad, Toni, necesito tu apoyo y que te reconozcas como la persona más importante en mi vida, como aquel que viene en mi ayuda, cuando yo ya te había salvado antes.

»No mires más allá, no dudes más de tu situación ni de la mía, por favor. Vivámosla así como te digo, disfrutemos de cada momento, de cada situación que nos queda por compartir, por vivir...

Ahora era yo el que usaba el silencio como respuesta, no sabía qué responder, qué decir ante aquella decisión tan dura y a la vez tan bien argumentada que mi hermano defendía.

Ángel continuó.

—Me gustaría que nadie más supiera de mi enfermedad, Toni, no quiero crear preocupación aún. Solo cuando la afectación sea mucho mayor se lo diré a los demás.

»En estos días dejaré todo nuevamente en manos de Robert y de Rosa, y poco a poco me iré retirando para que, tras mi partida, la empresa siga siendo lo que es, un ejemplo de integridad en los negocios y un referente en el mundo del *coaching*.

»Hay solo una cosa que me gustaría hacer, que hiciéramos juntos.

—¿Qué? —pregunté aún con los ojos llenos de lágrimas.

—Cuando Robert me habló de vuestros días en Los Ángeles cada una de las experiencias me resultaron divertidas y sentí que todo aquello me hubiera gustado poderlo compartir contigo, creo que aún estamos a tiempo, que podríamos pasar uno días allí, junto al mar, en las playas de Malibú, tal y como quisieron nuestros padres, pero el trágico accidente les impidió regalárnoslo, ¿qué te parece?

—Genial, lo que tú decidas estará bien para mí, como hasta ahora ha sido.

—¡Pues vamos! —Y levantándose vigorosamente me ofreció su mano para que me incorporara—. Además, Simon nos podrá enseñar mucho de cómo gestionar un negocio, justo lo que tú necesitas para hacer brillar el tuyo como lo va a hacer.

Asentí suavemente con la cabeza y esbocé una pequeña sonrisa, pero aún mantenía la expresión del dolor y la pena en mis ojos, y Ángel lo percibió.

—Toni, mírame, por favor, necesito tu ayuda, tu apoyo, solo mi médico y ahora tú sabéis lo que me ocurre. Y quiero pasar el tiempo que me quede sonriéndole a la vida, así que tener a un tipo llorón a mi lado no me va a servir de mucho. Por esto, por favor, anímate, hazlo por mí.

»Imagina que vamos a celebrar una gran fiesta de despedida, la despedida de tu hermano, que se va al crucero que siempre quiso hacer, que vas a estar mucho tiempo sin verle, así que, lo que te queda de convivencia con él, aprovéchalo al máximo. Diviértete, ríe, baila, será la última oportunidad que tengas para hacerlo junto a él, y créeme, si no lo haces, entonces sí tendrás un gran remordimiento de por vida. Así que ahora vamos, empecemos el mejor de los finales de la historia que hemos venido a escribir.

»¡Te apuesto a que un cojo con medio pulmón aún es capaz de ganarte en una carrera hasta la escalera!

Y comenzó a correr como si de un niño se tratara, como si nada en la vida le importara, salvo llegar en primer lugar a aquella escalera que subía al paseo marítimo, no pude más que comenzar también a correr, correr con una sonrisa en mi rostro y lágrimas en mis ojos, con la certeza de que él también iría sonriendo, porque ambos sabíamos que la vida solo te sonríe cuando tú lo haces primero.

***

Tres días más tarde, Ángel y yo volábamos hacia Los Ángeles. Cuando tienes dinero, amigos y te has portado bien en la vida, pocas cosas se te hacen imposible de conseguir. En condiciones normales, hubiésemos tardado de siete a diez días en conseguir el permiso para entrar en EE. UU., Ángel lo tuvo en menos de cuarenta y ocho horas.

No habíamos dicho nada a nadie acerca de la enfermedad, simplemente que, aprovechando las vacaciones de Ángel y antes de iniciar mi negocio, iríamos a pasar unas minivacaciones junto a Simon para, de paso, seguir aprendiendo sobre la gestión y puesta en marcha de negocios.

La tos de Ángel había remitido algo, tomaba un tratamiento que le permitía controlarla o, al menos, hacerla menos agresiva.

Al respecto de mi negocio, confié en Luz toda la tramitación administrativa y en Rosa la del local. Aunque les dije que probablemente, y dado este periodo de vacaciones, no pudiéramos ponerlo en marcha en el tiempo previsto, así que iríamos con algo más de calma en cuanto a la programación que había quedado plasmada en mi cronograma.

Me sentía muy afortunado de poder viajar junto a Ángel a la ciudad donde nos reencontramos treinta años después de mi marcha y en la que solo pudimos compartir unas horas, justo lo que duró la lectura compartida de la carta. Aquella ciudad tenía algo especial para mí, solo me traía buenos recuerdos, las vivencias junto a Robert, el reencuentro con mi hermano, habían borrado cada uno de los malos momentos que la soledad mi hizo vivir allí, en una de las ciudades más pobladas del mundo.

Antes de tomar tierra mi hermano me dejó una de sus últimas enseñanzas al respecto de la gestión de los negocios, relacionada con la gestión del efectivo, del dinero.

—Los Ángeles es una de las ciudades más caras del planeta, ¿lo sabías, Toni?

—Bueno, era de imaginar, se mueve mucho dinero en ella, son muchas las fortunas que allí conviven.

—Así es, allí aprendí la importancia del *cashflow* en los negocios. Las principales fortunas no las poseen las estrellas de Hollywood, pertenecen a los empresarios, a los hombres y mujeres de negocios que han convertido a este país en uno de los lugares con más emprendedores por metro cuadrado del mundo. Y una de las reglas básicas es la gestión del *cashflow*.

»Mi amigo Smith me dijo una vez: "Solo tendrás un negocio de éxito cuando tu *cashflow* te permita ahorrar y perder el miedo a los imprevistos". La traducción de esta frase, hermano, es que hasta que tu negocio no te permita llegar a fin de mes y mantener dinero en efectivo a modo de ganancias, de las cuales puedas ahorrar al menos un diez por ciento, no podrás decir que tienes un buen negocio.

»Hay gente que cree que su negocio es un éxito porque tiene una alta facturación o porque vende muchos productos, pero esa no es la medida correcta, la medida correcta es la cantidad de dinero que acabas quedándote después de haber cumplido con todos los pagos, eso es el *cashflow* y eso es lo que debes tener en cuenta. Porque si a final de mes has facturado quinientos mil dólares, pero tras pagos e impuestos te quedaron dos mil en el cajón, tu negocio no es un gran negocio, simplemente vendes mucho o vendes a un alto precio, pero los márgenes, la gestión, no está siendo la correcta.

»No olvides esto, hermano, no cuidar el flujo de efectivo es uno de los errores más comunes para los emprendedores, pensar que la facturación es lo más importante puede hacerte desviar el foco de lo que realmente te dará estabilidad: cuánto dinero retienes cada mes.

El comandante informó de la hora de aterrizaje, día soleado, veinticinco grados centígrados... Volvía a EE.UU., parecía que el destino había querido que la historia terminase donde empezó.

***

Decidimos alquilar un coche, esta vez no conduciría mi viejo Chevrolet, en su lugar un rutilante Ford Mustang había sido el elegido a capricho de mi hermano.

—Hay cosas que tenemos grabadas en el subconsciente y que jamás llegamos a descubrir en qué momento llegaron a formar parte de nuestras creencias o de qué manera se instalaron ahí, pero permanecen, aun con el paso del tiempo, y si no te atreves a desmontarlas, si no buscas una alternativa, finalmente acaban influyendo en ti, en tu vida, sin llegar a descubrir por qué.

»Me encanta este coche, este modelo siempre me ha llamado la atención por encima de otros, y cada vez que he venido a este país he tenido la tentación de conducirlo. Solo una vez páramos un taxi en Nueva York, sin esperarlo, cuando se detuvo y comprobé que era un Mustang, me hizo mucha ilusión, el taxista era un enamorado también de este modelo, me explicó toda la historia y la actualidad de los Mustang en un trayecto de seis pavos, ni te imaginas lo que ese hombre conocía del modelo. Yo solo sé que me encanta, pero no sé por qué, ahora por fin voy a cumplir un sueño.

—¿De verdad que no sabes por qué te gusta este coche? ¿No lo recuerdas?

—No, ¿tú sí lo sabes?

—Claro que sí. —Y a carcajadas le recordé en qué momento se grabó en su subconsciente que ese debía ser su coche, el mejor para conducir por las carreteras de EE. UU.—. Un flamante Mustang negro como este era el coche que conducía Brandon en la serie *Beverly Hills*.

—¡No me lo puedo creer! ¡Era eso!

—¿De verdad no lo recordabas?

—Claro que no, hace tanto tiempo, no he vuelto a ver nada de esa serie desde entonces, ¿cómo puedes recordarlo?

—No sé, a mí también me gustaba, pero vamos, vas a cumplir tu sueño de la mejor manera, conduciendo el Mustang por las mismas calles que lo hacía Brandon hace más de treinta años. —Y así, entre risas y sincronías, como no podía ser de otro modo, comenzó nuestro peculiar campamento de verano, aquel que la vida nos debía desde hacía tanto tiempo, aquel que nuestros padres soñaron para nosotros. Nuevamente hacíamos realidad parte del tablero de visión de nuestros padres.

Estuvimos varios días recorriendo el condado de Los Ángeles y el sur de California, San Diego y Las Vegas fueron otras de las dos grandes ciudades que visitamos. Ángel conocía la mayoría de los lugares que visitábamos gracias a su amor por el cine, yo no conocía esta faceta suya, pero en estos días, en esas horas de conducción por las interminables rectas que unen las grandes ciudades de este país, nos pudimos conocer más a fondo. Le conté cada uno de los detalles de mi juventud, de aquellos años en el internado, de mis primeros amores en la universidad, mi vida en Madrid, mi boda... mi divorcio..., compartimos toda una vida a fragmentos, por turnos, pero, sobre todo, entre risas.

Conocí la grandeza del ser humano con el que viajaba al descubrir cómo, durante toda su vida, había luchado, por uno u otro motivo, con las situaciones más adversas que un hombre puede encontrarse. La vida le había planteado una difícil partida, mucho más dura que la mía incluso. En cambio, fui yo quien quise quitarme la vida por no soportar situaciones que yo mismo había creado, por no comprender qué era aquello que había venido a aprender, y sobre todo por no conocer las reglas del juego. Esas reglas que había descubierto gracias a la carta y a las enseñanzas de mis grandes mentores y que ahora era capaz de utilizar en mi vida para comprender por qué mi hermano, pese a todo, siempre fue mucho más feliz que yo. Incluso ahora, aun sabiendo que su vida tenía ya un final marcado, disfrutaba de cada momento como si nada fuese a suceder.

La última noche que pasamos en Los Ángeles me atreví a preguntarle.

—¿Cómo lo haces, Ángel? ¿Cómo ahora incluso eres capaz de mantener ese espíritu alegre, ese ánimo tan positivo?

—Siempre lo he tenido claro, hermano, tú no has estado como yo al filo de la muerte, ni has vivido el final de una vida como lo viví yo, en esos duros momentos te das cuenta de lo que realmente importa en esta vida, de las cosas a las que sí debemos dar valor y de las que debemos dejar ir, aunque aparenten importancia. Esta situación que vivo ahora para mí no es nueva, hermano, la muerte de María significó la mía propia. Descubrí ahí que, si ya conoces el final y nada puedes hacer por cambiarlo, de qué sirve preocuparte. Disfruta de aquello que puedas, exprime al máximo cada uno de los momentos que aún te queden por vivir, y cuando te sorprenda tu última tirada de dados, sonríe y dile: "Puse el corazón en todo lo que hice, actué desde el amor sin miedo a equivocarme, así que puedo avanzar tranquilo hasta el final del tablero".

Por desgracia, él ya había hecho su última tirada, solo restaba avanzar por el tablero hasta la casilla de salida.

## CAPÍTULO 16

# Siempre hay una razón para reír, siempre hay una razón para dar gracias

*"Identifica tus problemas, pero dale tu energía y tu poder a las soluciones"*

Tony Robbins

A la mañana siguiente salimos hacia Malibú, pasaríamos allí al menos una semana, según había previsto Ángel, antes de volver a España. Simon nos esperaba, nos había reservado una habitación en su lujoso hotel, pero nos adelantó que solo podría estar con nosotros los tres primeros días. En esa semana celebraba aniversario en otro de sus hoteles y habían preparado un gran evento para la ocasión.

Realmente la duración de nuestra estancia no estaba totalmente definida, ya que, dado el estado de salud de Ángel, iríamos viendo conforme avanzaran los días y él se fuera encontrando.

Nuestro primer día en Malibú fue muy duro para él, el tiempo no nos acompañó y, aunque la temperatura, como siempre, era agradable, la lluvia no nos permitió disfrutar del mar y las playas. Pero, al menos, sí pudimos compartir tertulia con Simon, que nos invitó a tomar un cóctel en uno de sus coquetos salones reservados. Aún me pareció un ser humano más fascinante cuando conocí su historia...

Simon Hernández era un chico de El Salvador que, con tan solo ocho años, cada día andaba más de tres horas para poder asistir a la escuela. Su madre le había enseñado que allí era donde se formaban los grandes hombres, aquellos que llegaban lejos en la vida, mucho más que los que decidían quedarse en el barrio y que, con su edad, ya estaban trabajando o llevando un rifle para la guerrilla.

Su hermano mayor era uno de ellos, lo llevaron un día a la fuerza mientras jugaba al fútbol con sus amigos en la cancha que ellos mismos habían construido quitando árboles y maleza. En aquel momento solo tenía nueve años, Simon tres. Cinco años después, su hermano ya apenas iba a verlos y cuando aparecía por casa, siempre con su arma en la espalda, se limitaba a dar algo de dinero a su madre y a hablar solo con ella, parecía que siempre estuviese enfadado y triste. No dirigía la palabra a ninguna de sus hermanas, y a él solo le hablaba al marcharse, únicamente entonces se acercaba y le pedía que nunca dejase la escuela.

Pero una mañana Simón decidió volver a casa, no llegar hasta la escuela y huir con su madre y sus hermanas. En su camino al colegio escuchó unos disparos, decidieron seguir, ya que, por desgracia, eran más comunes de lo deseado en el lugar que le tocó nacer. Pero a menos de un kilómetro del colegio descubrieron el cadáver de la persona que había recibido los disparos. A un lado de la carretera se distinguía un cuerpo, tumbado junto a unos libros, al acercarse pudieron reconocer el rostro que reposaba sobre un charco de sangre, era su profesor... ese día la escuela no abriría.

Su madre, presa del pánico, y por evitar que otro de sus hijos acabara en la guerrilla o aún peor, como el señor profesor, entregó todo lo que llevaba años ahorrando al conductor de un camión que acercaría a Simon a la frontera y le enseñaría dónde podría esconderse bajo otro camión que lo llevaría al país de la libertad.

Y así fue como Simon salió de la pobreza, descalzo, sin apenas ropa, con solo un trozo de papel en el bolsillo y un rosario en su cuello.

—Rézale a la cruz, hijito. Agárrate fuerte y no tengas miedo. Al llegar a Estados Unidos, enséñale el papel a quien escuches que hable tu idioma. Él te ayudará a encontrar a papá. Te quiero.

Simón subió a ese camión con otras cincuenta personas más e hizo todo lo que le había dicho su madre. Y la suerte lo acompañó hasta su destino. Allí, en Houston, en una gran plaza, un hombre lo reconoció nada más bajar de uno de los autobuses donde se desplazaban los inmigrantes.

—¡Simon!

—¿Papá?

Y fue así como Simon comenzó su carrera de pintor, jardinero o peón de albañil para cualquier norteamericano que necesitase realizar un trabajo con mano de obra barata. Junto a su padre iba a las casas de aquellos que allí, en plena calle, les ofrecían trabajo o les pedían ayuda, dependiendo de la persona que los contratase. Algunos los trataban prácticamente como esclavos, otros como seres humanos que intentaban sobrevivir en un país que no conocían.

Y de nuevo el destino llevó a Simon y a su padre al lugar correcto en el momento correcto. Una pareja adinerada de la ciudad los contrataba muy a menudo para el jardín y la pintura de las paredes de su gran mansión, y se enamoraron de aquel pequeño que con tanto ímpetu ayudaba a su padre en el trabajo por realizar. Decidieron ayudar a Simon pagándole los estudios primarios y más tarde los secundarios. Pero lo mejor no fue que Simon pudo estudiar en el país de los sueños, lo mejor es que llegó a crecer junto a una familia de negocios que, sin darse cuenta, enseñaron a aquel pequeño inmigrante la forma de hacerse libre financieramente. Él cuenta que lo tuvo fácil, solo tuvo que observar y repetir, todos sabemos lo difícil que resulta crear una empresa de éxito.

Aquella familia no solo le permitió convertirse en un buen profesional de la informática, también en un emprendedor que siempre supo que, junto a su trabajo y para llegar a ser como su familia adoptiva, debía tener un negocio que le generara ingresos aun cuando él estuviese estudiando, trabajando o en su país visitando a su mamá. Y aprendió sobre la gestión de un pequeño hotel mientras trabajaba por las tardes y sobre la gestión del dinero mientras crecía. Hasta que un día, con tan solo veintidós años, le llegó la oportunidad que buscaba, se había ganado a pulso la posibilidad de cumplir el sueño americano y lo cumplió, compró su primer hostal, eran solo diez habitaciones, pero él sabía cómo hacerlas diferentes.

—Y así comencé. Más tarde compré mi primer hotel en la costa, que realmente era lo que siempre soñé, en honor al mar junto al que me crie, y le di el toque que ya veis que tienen nuestros hoteles.

—¿Cuál piensas que ha sido tu principal secreto, Simon, para llegar a poner en marcha toda una cadena de hoteles de lujo? —preguntó Ángel.

—Trabajo y dedicación por supuesto, nada te viene regalado, debes dedicar horas y horas a tu sueño para hacerlo realidad y luego hacer en cada momento lo que debes hacer, me refiero a que hay ciertas reglas que debes cumplir, si te las saltas estarás más cerca del fracaso que del éxito. Por ejemplo, me imagino que le habrás hablado a Toni de la importancia del equipo, si no cuidas de tu equipo, si no lo tratas bien, difícilmente obtengas los resultados esperados, si no ejerces un liderazgo de éxito, tampoco podrás alcanzar grandes metas y así con otras muchas cosas que tú conoces e imagino que ya te habrán explicado, ¿no, Toni?

—Sí, he aprendido mucho en este tiempo, liderazgo, equipo, pasión y misión, el cuadrante empresarial lo he trabajado bastante.

—¡Genial entonces! —respondió sonriendo Simon.

—Sí —continuó mi hermano, Ángel —, pero hay algo que aún no hemos tratado, Simon, y de eso tú mejor que nadie le podrás hablar, y es sobre la SISTEMATIZACIÓN, sobre la necesidad de crear sistemas y... —Pero no pudo continuar, una fuerte tos le impidió seguir hablando y le obligó a abandonar la sala donde nos habíamos reunido con Simon.

—Tu hermano debería cuidarse esa tos, creo que no ha mejorado desde que coincidimos en Barcelona.

—Sí, está en tratamiento, pero no le está haciendo mucho efecto al parecer.

—Esperemos que se recupere pronto, es algo muy molesto, y para su profesión tener que ausentarse de ciertas conversaciones no le va a beneficiar. —Y con gesto preocupado continuó tal y como le había pedido mi hermano—. Pues bien, a lo que se refería Ángel es a la creación de sistemas que funcionen de tal forma que el trabajo, la actividad o la elaboración de un producto se pueda generar de forma repetida e independientemente a la persona que lo realice. Quiero decir que las pautas estarán tan bien establecidas, los pasos tan marcados, que quien lleve a cabo la labor pueda ser sustituido en caso necesario sin que esto afecte a los resultados, o que, si quisiéramos generar los mismos efectos, pero en otro lugar, ese mismo sistema nos diera la posibilidad de crearlo a cientos de kilómetros ofreciéndonos lo que esperábamos, justo lo que venimos recibiendo de este sistema original.

De este modo, de esta idea de negocio surgieron las franquicias McDonald's, que fue uno de los primeros negocios capaz de duplicar los resultados allá donde estuviese. Y aún hoy lo siguen haciendo, ¿has estado en algún McDonald´s estadounidense?

—Sí, claro —respondí.

—Pues ya has visto, no hay prácticamente diferencia, los empleados, los productos, el servicio, el mobiliario... Ray Kroc, el responsable de su expansión, primero por EE. UU. y más tarde por todo el mundo, dejó muy bien establecida la importancia de generar sistemas POR ESCRITO que definieran cada una de las funciones y de las características de su negocio. Y eso mismo he conseguido hacer yo con mis hoteles, no hay más, Toni, partiendo de sistemas todo resulta mucho más fácil. Cuando las funciones están tan claramente establecidas, las personas saben qué se espera de ellas en todo momento, lo que probablemente reste libertad a la hora de actuar, pero por otro lado dará mayor seguridad al responsable de la labor y, lo más importante, duplicará los resultados, alcanzado el objetivo que queremos, repetir aquello que sabemos que funciona.

»Así que ya sabes, tanto si quieres crear una cadena de escuelas de arte, como si solo quieres lograr que la tuya funcione a la perfección, CREA SISTEMAS. Sistematiza cada una de las funciones, de las características de tu escuela, y de esta forma conseguirás que el trabajo se desarrolle, aunque tú no estés allí. Será lo único que hará que tu negocio, realmente, sea un negocio y no un trabajo que te esclaviza.

»Recuerda, Toni, tanto si quieres duplicar como si quieres libertad, ¡sistematiza tu negocio, amigo! —Y sonriendo me animó a brindar por el futuro de mi escuela.

Realmente no pude llegar a brindar por él, mi mente y mi corazón estaban más próximos al final de mi hermano que al comienzo de mi negocio.

## CAPÍTULO 17

# A veces, un giro inesperado te acerca al milagro que esperabas

*"Los ganadores nunca abandonan y los que abandonan nunca ganan".*
**Vince Lombardi**

Los días siguientes sí pudimos disfrutar del encanto del sol Malibú, de sus olas, sus playas y, sobre todo, de la acogedora estancia que nos ofrecía Simon y su hotel.

Pero por desgracia la tos de Ángel empeoró algo, por lo que decidimos regresar a España un par de días antes de lo previsto. Mi hermano se negó a visitar a un médico en EE. UU., así que tendríamos que volver. Parecía que ya nada nos animaba a continuar allí, hasta que durante la cena una voz familiar, casi gritando, interrumpió el silencio del comedor.

—¡Bueno, qué casualidad! ¿Qué hacéis por aquí?

Era Robert, había venido a acompañarnos. Una sonrisa iluminó nuestros rostros. Quizás nuestra estancia se alargara algo estando él aquí.

—¡Pero bueno, los gemelos más atractivos de España han llegado a Malibú!...

Esa noche nos acostamos bien tarde. Junto a Robert repasamos lo que habíamos hecho hasta ahora en Los Ángeles mi hermano y yo, recordamos los momentos que viví junto a Robert durante los primeros días de mi formación y, de la misma forma, ellos también me contaron cómo saldaron mis deudas, cómo llegaron a localizarme y la forma en que planearon la salida de Ángel y la entrada de Robert en mi casa. Hubo muchas risas, pero sobre todo cuando Robert narró la historia en la que supuestamente yo saldé la deuda con los mafiosos de la casa de apuestas y él se hizo pasar por mi guardaespaldas. Casi no llegan a conseguirlo, porque hubo varios momentos en que el miedo le paralizó. Primero cuando en el hotel Rosa le entregó un arma que había comprado expresamente para que él la llevara y se la quitaran los mafiosos al llegar, y más tarde ya en la casa de apuestas cuando les invitaron a pasar a las oficinas en el sótano del local.

—¡Rosa tuvo que tirar de su mano, como si de un niño se tratara, para que bajara las escaleras! —narró mi hermano entre carcajadas—. Imagínate la impresión que causamos, el guardaespaldas que nos acompañaba para que nos trataran con respeto era quien más pánico llevaba, y su rostro lo decía todo.

Robert, que también reía a carcajadas, continuó narrando.

—Realmente llegué a pensar que allí abajo nos matarían y que yo sería el primero en caer, porque para ellos era la mayor amenaza. Intentaba poner cara de enfadado, de malo... —La risa le impidió seguir hablando, tapó su rostro con las manos y continuó riendo a carcajadas que, como era habitual en él, debían oírse en todo el hotel. De hecho, un camarero, educadamente, nos cerró la puerta del pequeño salón donde compartíamos tertulia y unos cócteles sin alcohol.

Ángel continuó narrándome la situación.

—Sí, eso intentabas, pero yo dejé de mirarte cuando comprobé que el miedo estaba a punto de hacerte llorar. Rosa también parecía asustada, pero no por los mafiosos, sino porque por su culpa finalmente el plan no saliera como esperábamos.

Y así, entre risas, por unas horas, mi hermano se olvidó de la tos, y la tos se olvidó de mi hermano. Le había dado una tregua, pero sería la última vez que lo hiciera.

\*\*\*

A la mañana siguiente Robert y yo bajamos a hacer surf, pero Ángel prefirió quedarse para trabajar un poco desde su habitación y hacer algunas llamadas.

Antes del almuerzo, subí a ver a mi hermano, que meditaba tranquilamente en la terraza de su habitación. Tras narrarme todo lo que había hecho en esas horas y mentirme nuevamente acera de los efectos de su enfermedad, le convencí para que contara a Robert la verdad.

—Tienes razón, creo que debería saberlo también, y en cuanto regresemos a España se lo contaré a Tía Lui y Rosa. ¿Has pensado algo que podamos hacer? ¿Nos quedamos algún día más? ¿Volvemos? ¿Qué te gustaría hacer a ti? —me preguntó Ángel con cierta tristeza en sus palabras, el entusiasmo que habitualmente acompañaba a sus expresiones había decaído por completo.

Y creo que fue eso lo que me animó a actuar y a decidir que deberíamos viajar a Nueva York, a vivir el tiempo que nos quedara juntos de la forma que más nos gustaba y que mejor nos enseñaron nuestros padres, viajando, como ciudadanos del mundo, lo que realmente éramos, lo que siempre habíamos sido.

—Pues sí, vamos a ir —afirmó Ángel tras mi propuesta—. Se lo propondremos a Robert también, me encantará conocer a Wakanda, ¡genial! Me gusta el plan, no volveremos a casa mientras pueda, hermano, incluso deberíamos invitar a Tía Lui y a Rosa a que viajasen a Nueva York, creo que ha llegado el momento de decírselo también a ellas.

—Estupendo, ahora iba a llamar a Rosa, se lo diré para que lo hable con Tía Lui, conociéndola, estará encantada de volver. Nueva York... me encanta la idea. ¡Wakanda nos espera!

Y sonriendo cogió mi mano con cariño y, mirándome a los ojos, su sonrisa fue desvaneciéndose para, en tono preocupado, pedirme que localizara a Robert y le pidiera que fuese a su habitación, había llegado el momento.

***

Al llegar a mi habitación recibí una llamada al móvil, era Rosa.

—Toni, ¿qué tal va todo?

—Muy bien, justo te iba a llamar ahora. Ha llegado Robert, está aquí con nosotros.

—Sí, nos lo dijo, qué bien. ¿Y hasta cuándo pensáis quedaros?

—No sabemos, ¿ocurre algo?

—No, solo era porque te echo de menos y me gustaría contarte algo, pero no quiero decírtelo por teléfono, podré esperar unos días.

—Bueno, yo os iba a proponer, ya lo hablé con Ángel, que por qué no cogéis un vuelo a Nueva York y nos encontramos allí, Ángel también os tiene que dar una noticia y creo que deberíais viajar, podremos disfrutar de unas vacaciones como nunca antes habíamos tenido, ¿qué piensas? ¿Crees que Tía Lui querrá venir?

—¿A Nueva York? Pues claro, si ya me dijo que como tardarais en regresar haría lo de Robert, salir a buscaros.

—Pues genial, yo también te echo mucho de menos y Ángel nos necesita, buscad un vuelo para poder estar allí en dos o tres días, no más.

—¿Pero ha ocurrido algo? ¿Por qué has dicho eso?

—No, nada, Rosa, ya te contaré. Es que está preocupado por la tos, no llega a mejorar, quizás aproveche y en Nueva York se haga unas pruebas de nuevo. Solo es eso.

—Pues cuida de él, pronto estaremos allí.

No sé cómo se me pudo escapar, ya había conseguido que viajaran sin necesidad de insistir, pero la preocupación por la situación que vivíamos me había hecho decir la verdad. Y esa verdad hizo que Rosa me repitiera una frase que un día me dije a mí mismo cuando no era yo el que hablaba, una frase que mi madre, el día que trabajé el perdón, puso en mis labios y en aquel momento no pude entender: "cuida de Ángel"... Aquel día era yo el que permanecía perdido, el que necesitaba de su ayuda y protección, por eso no lo entendí y lo dejé pasar. Hoy comprendo por qué lo decía, allá en las nubes no existe ni pasado, ni futuro, todo ha sido, todo es y todo puede ser.

Tras finalizar la conversación con Rosa, llamaron a la puerta de mi habitación.

Al abrir me encontré a Robert, desconsolado, cabizbajo, sin decir palabras. Se echó en mis brazos y lloró de manera desconsolada durante varios minutos. Lloramos juntos, sin hablarnos, sin consuelo, y por primera vez desde que nos conocimos descubrí la debilidad en aquel gran hombre.

—Tenemos que hacer algo, Toni, no podemos dejarlo así, podría salvarse si lo intentara. ¡Por favor, hagamos algo!

—Ya lo intenté, pero lo tiene decidido, no fui capaz de convencerle. ¿Quién puede convencer a mi hermano de que lo que hace no es lo correcto cuando es su vida lo que está en juego?

—Pero es un error, hoy en día existen muchas probabilidades de superar el cáncer, ¡él mismo ya lo superó!

—Y eso es lo que le impide luchar, él sabe a lo que se enfrenta, sabe lo que sucederá desde que decida dar el primer paso al frente. Ha decidido que no merece la pena, que el costo de la guerra será demasiado elevado. Creo que no podemos hacer nada por cambiar su opinión, Robert.

—Hay que hablar con Tía Lui, quizás ella pueda hacerle cambiar de opinión.

—Sí, por suerte en un par de días nos encontraremos en Nueva York. Mientras tanto, creo que lo mejor será intentar cumplir con su deseo, que no es otro que vivir al máximo lo que le quede entre nosotros. Es muy duro, Robert, pero no podemos hacer más.

—Quizás sea lo mejor, pero yo no me voy a conformar. Tengo un buen amigo en Nueva York que trabaja en una de las clínicas oncológicas más importantes del país. Me voy, Toni, te esperaré allí. Yo no pienso tirar la toalla tan rápido.

Y Robert se marchó. El mismo día que llegó a los Ángeles puso rumbo a Nueva York, y no sé cómo lo hizo, pero esa misma noche me llamó ilusionado.

—Toni, he conseguido que permitan el ingreso de Ángel y comience su tratamiento. Si el cáncer aún está localizado aquí consiguen que casi un ochenta por ciento de los pacientes sobrevivan, en el resto del mundo ese porcentaje no llega al treinta por ciento. Toni, tienes que traerlo antes del viernes, como sea.

—¿De verdad, Robert, te lo han asegurado?

—Ya te dije que tenía un amigo, y no es un simple doctor, hace un mes que lo nombraron director del hospital, es una señal del destino, Toni. Hay más de cien personas en lista de espera, en la misma situación de Ángel o peor, y nosotros hemos conseguido un atajo, no podemos dejarlo escapar.

Tras hablar con Robert comencé a pensar que quizás el milagro fuera posible, era martes, teníamos margen suficiente para llegar antes del viernes, probablemente mi hermano volviera a ganar una batalla más. Pero una palabra había resonado en mi mente, y cuando caminaba hacia la habitación de mi hermano caí en la cuenta de por qué. Robert había conseguido que mi hermano fuese tratado mucho antes que otros que también esperaban plaza en aquel hospital y, según dijo, lo había hecho gracias a que encontró un atajo.

Pero, realmente, no sabíamos si eso le gustaría a Ángel, él me había enseñado que los atajos nunca son buenos...

¿Rompería su palabra y por una vez aprovecharía este que estaba destinado a salvarle la vida?

## CAPÍTULO 18

# Sé arco, sé flecha

*"Cuando está muy oscuro puedes ver las estrellas".*

Proverbio persa

Era jueves y un día antes de lo previsto llegamos a Nueva York.

Durante el vuelo la tos de Ángel había sido casi insoportable, no paró de toser durante todo el trayecto y un fuerte dolor en el pecho nos acompañó durante todo el camino. Fue tan intenso el viaje, que por momentos hasta yo sentí presión en mi pecho.

Ángel me prometió que al llegar iríamos a visitar a un médico por si pudieran paliarle la tos y el fuerte dolor.

A la salida del aeropuerto nos esperaba Robert, que insistió en llevar a Ángel directamente al hospital, donde podría ingresar al día siguiente. Le contó su plan, las opciones que le habían ofrecido, pero todos los argumentos resultaron inútiles para mi hermano. Al menos nos permitió llevarle a una revisión urgente, pero solo a eso, desde que bajamos del avión la tos y el dolor se habían calmado. No se sometería a ningún tratamiento con hospitalización. Ya lo había decidido y se mantendría en su elección.

Pidió a Robert que agradeciera a su amigo tal favor y le explicara que él ya había optado por no someterse a operación ni a quimioterapia.

Ya solo nos faltaba la ayuda de Tía Lui, era ella nuestra última oportunidad, la única que podría convencerle.

Ni Rosa ni ella podrían imaginar que las vacaciones que planeaban no resultarían en ningún modo como esperaban.

Su avión no llegaría hasta la tarde del viernes. Robert aún esperaba que esa misma tarde mi hermano decidiera ingresar para comenzar su tratamiento.

De momento, en el hospital le facilitaron unas pastillas que paliaron el dolor y la tos casi en su totalidad. De nuevo Ángel volvió a ser él y nos animó a salir, a visitar la ciudad, a encontrar a Wakanda... a vivir.

***

—De verdad, chicos, vamos a otro lado. —Robert, muy serio, nos intentaba convencer—. No me apetece ver a esa bruja, que me diga frases que no podré entender y me haga pensar cosas que no sé si sucederán. Me da miedo, de verdad, lo siento, pero creo que de pequeño tuve que ver cosas en mi poblado o no sé, es que solo de pensarlo me entra pánico. Volvamos a Times Square, me gustaría sacar unas entradas para algún musical.

—Pero si no es una bruja, es una chamana, y nada de lo que diga te podrá hacer daño, ¿de qué tienes miedo? —le pregunté.

—¡A todo! A sus ojos, a sus palabras, a esos papeles que no sé qué me querrán decir... No puedo, id vosotros, yo os esperaré viendo algún espectáculo que seguro habrá por allí, os acompañaré hasta la entrada al parque.

Vamos, hagámoslo así, y no le contéis esto a nadie, por favor, sé que os vais a reír cuando lleguen Rosa y Lui.

—No, no te preocupes —le aseguró mi hermano—, pero la verdad es que Nueva York no te está dejando buenos recuerdos, a mi lado pronto tendrás pánico solo de pensar que vuelves a la gran manzana. —Y entre risas continuamos caminando hasta Central Park.

Como nos había dicho, Robert se quedó en la entrada del parque donde siempre había actuaciones, exposiciones o pequeños espectáculos. Ese día, uno de títeres acaparaba la atención de los más pequeños y, tal como esperábamos, fue ahí donde hizo su primera parada.

Mi hermano y yo entramos al parque y comenzamos a buscar. Hacía solo unos meses que había estado allí, tenía grabado en mi mente el lugar donde habíamos encontrado a Wakanda en anteriores ocasiones. Pero al llegar, descubrimos que ya había elegido otro lugar, no había ningún rastro que indicara que ella había estado allí.

Y tal y como me enseñó Tía Lui, nos ubicamos a esperar una señal.

Pero no veíamos nada, tras casi treinta minutos de espera decidimos marcharnos. No apareció humo por ningún lugar, por lo que decidimos volver con Tía Lui, quizás junto a ella tuviéramos más suerte, sin embargo, justo cuando empezamos a bajar de donde nos habíamos situado, me pareció ver a un niño pequeño correr entre los matorrales, y mi intuición me hizo acercarme. Dejé de verlo, pero sí oía el crujir de las hierbas y las ramas al pasar, así que avanzamos unos metros siguiéndole y de esta forma Adahy, el hijo de Wakanda, el destino o la propia Wakanda, nos llevaron hasta el fuego eterno.

Allí, a tan solo veinte metros de donde estuvimos esperando el humo, estaba ella. Todo a su alrededor se conservaba igual que siempre, pero esta vez nos esperaba de pie, nos daba la espalda mientras colocaba uno de los adornos que rodeaban su espacio de magia y misterio. Vestía la misma ropa de cuero negro y de su pelo colgaban varias plumas de vivos colores. Como siempre, nos dio la bienvenida sin mirarnos.

—*Sed bienvenidos, almas gemelas, Wakanda me habló de vosotros, os esperaba, aunque no tan pronto en vuestro tiempo.*

En ese momento Adahy apareció de entre los árboles y atónito nos observó detenidamente durante un buen rato. Le sonreí, pero no se movió, parecía que nunca había visto a dos hombres de tal parecido. Mi hermano apretó mi brazo y me miró asustado, imaginé que sería por la mirada del pequeño.

—*¿Qué buscáis en Wakanda? ¿Qué queréis del fuego eterno?*

Entonces se giró y fijó sus ojos en mi hermano, tomó asiento sin apartar su mirada y guardó silencio. Mi hermano me miró nervioso y abrumado. Comprendí perfectamente cómo se sentía, ahora era yo quien ocupaba el papel de Tía Lui meses atrás, y él quien recibía la atención de la mirada de la chamana que, misteriosamente, parecía más joven que nunca. Su rostro, escasamente pintado en esta ocasión, dejaba entrever la imagen de una joven de menos de treinta años que adornaba sus mejillas y sus párpados con una pequeña línea negra.

Fui yo quien comenzó a hablar.

—Mi hermano quería conocerte, tu historia y la del fuego eterno. Realmente no traemos nada al fuego en esta ocasión, simplemente queríamos venir a verte, los dos juntos, ya que hace unos meses me ayudaste bastante.

—Mi madre me habló de vosotros y me dijo que vendríais, esperaba a ojos azules, pero ella está lejos. Es un alma bella y también la espero antes de viajar a las nubes. —Hablaba de Tía Lui, ella era ojos azules. Entonces me dirigió la mirada y continuó hablando. Esta vez no solo no me dio miedo la disparidad del iris de sus ojos, sino que me sentí en paz y seguridad al observarlos—. *Wakanda no siempre habla a quien quiere preguntar al fuego eterno, también lo hace a quien cree, y tú eres uno de ellos, coge su mensaje y quémalo después, así será cuidado por el fuego por siempre en la eternidad.*

Metí la mano en la bolsa que me ofreció sin apartar su mirada, un pequeño saquito de cuero donde recogía los mensajes escritos de Wakanda. Saqué uno de los diminutos pergaminos y con cuidado solté el nudo de la pequeña cuerda que lo cerraba.

"Solo el alma que descubra quién es será capaz de cambiar el mundo. De crear donde otros destruyen, de volar donde otros siguen atados, de pintar donde otros no ven lienzos, de amar donde otros sienten miedo"

Me estremeció su lectura, no quería quemar aquellas palabras que erizaron mi piel y tocaron mi corazón.

—¿Tengo que quemarlo?

—*Solo así serás esa alma para siempre.*

Y tras leerlo de nuevo, quemé el mensaje en el fuego eterno.

Y aunque el fuego destruyó el papel, sus palabras quedaron grabadas en mi corazón para siempre.

Entonces de nuevo clavó la mirada en Ángel, y pude ver nuevamente sus pupilas en movimiento continuo, con pequeños y rápidos desplazamientos laterales. Era la segunda vez que observaba aquel fenómeno en sus ojos. Durante unos segundos, que a Ángel se le harían eternos, se hizo un silencio total a nuestro alrededor. Un silencio muy extraño y desproporcionado, ya que por unos momentos no existió nada más entre aquellos árboles, todo quedó inmóvil, paralizado, para dejar de sonar, y esto de nuevo erizó mi piel y me hizo mirar a mi hermano. Él mantenía su atención fija en Wakanda, que continuaba con su hipnótica mirada, pero por sus mejillas corrían un par de lágrimas, parecía que sintiera lo que la chamana iba a decirle.

Y entonces Wakanda rompió el silencio del parque.

—*Las nubes te esperan. Caminaste entre montañas en tu paso por la tierra, pero ahora caminas por prados y anchos senderos, de la mano de ella, que siempre te acompañó. Tú no la has visto, pero sigue sonriendo a tu lado y no quiere que vayas, aunque sabe que tu camino se acaba y las nubes te esperan.*

*»Wakanda también me habló para ti. Recuerdo el día que lo hizo.*

Y de esta forma ofreció la bolsa a Ángel para que cogiera un mensaje de Wakanda.

Mi hermano introdujo su mano en la bolsa y mientras lo hacía la chamana volvió a dirigirle la palabra.

—*Tus lágrimas brotan del corazón al igual que tus pensamientos, eres un alma grande, de las que protegen desde las nubes, aprendiste ayudando a otros y eso te hace único. Al fuego le gusta conocer a gente como la que hace lunas lo salvaron. No le entregues tu mensaje, guárdalo para siempre y ofrécelo a quien siga tu legado. Fue escrito para ser leído en la tierra y tú eres uno de los elegidos por el fuego para hacer eterno su mensaje.*

Entonces Ángel secó sus lágrimas y abrió el pergamino.

"Fuiste arco, fuiste flecha...

Solo logran su propósito entre los hombres aquellas almas que tratan su vida como arco y como flecha. Si quieres que esta avance lejos, debes tensar tu cuerda al máximo, esforzar tus brazos y mantener la tensión en todo tu cuerpo para hacerla volar y, finalmente, soltar, dejar ir y esperar sin más a que alcance su destino.

Si no tensas, si la cuerda no sufre la presión, si la flecha no vibra al coger impulso, jamás llegará a su objetivo y, en ocasiones, ni siquiera será lanzada.

Trata tu vida como un arco y decide ser la flecha que busca su destino, no temas la tensión, no temas el esfuerzo, solo este te permitirá llegar lejos, atravesar el viento, cruzar las nubes... y descubrir que solo disfrutan del placer de volar como una flecha quienes antes fueron arcos y se atrevieron a tensar su cuerda...".

Wakanda

23 de agosto de 2025

Al final, una fecha escrita en menor tamaño que el resto del mensaje indicaba justo el día en el que estábamos, 23 de agosto de 2025, ahora era a mí a quien la emoción hacía llorar.

Recordé el momento en que Wakanda escribió aquel papel, el día en que recibió el mensaje que debía recoger ese pergamino destinado a mi hermano, justo el día de mi última visita acompañado de Tía Lui. Wakanda escribió ese mensaje mientras hablaba conmigo meses atrás. Nada ni nadie podría imaginar que aquel pergamino estaría esperando a que Ángel lo sacara de la bolsa.

—Tú has sido arco para muchos, y aún lo has sido más para ti mismo. Te has ganado un lugar especial entre las nubes, por eso ellas esperan tu regreso. No tengas prisa por volver, solo tú conoces tu proceso, ellas quieren que sepas que hiciste todo lo que viniste a hacer, pero tu momento aún sigue estando aquí, y estará para siempre, porque, cuando un alma sube a las nubes, otra ocupa su lugar entre las olas, y hoy podrás ver la verdad de todo cuanto te digo.

Desde mi primera lágrima ya no pude dejar de llorar ni emitir palabra alguna. Intenté sacar de mi cartera un billete para pagar por sus palabras al igual que había visto hacer a Tía Lui, pero Wakanda tocó mis manos y negó con la cabeza mirándome a los ojos.

—Marchad con el viento y proteged vuestras almas. Veo que fuiste al mar y ya eres aquello que querías, ahora es tu turno, sé arco, sé flecha.

Marchamos por donde habíamos llegado, imaginé que Ángel lloraba de emoción al igual que yo, pero no me atreví a mirarlo.

De pronto, sentí que corrían hacia nosotros, giré y comprobé que era Adahy que, en silencio, venía a ofrecernos algo. Extendí mi mano y me entregó dos hermosas pulseras mientras dirigía su mirada a cada uno de nosotros de forma ordenada y continua, primero a uno y luego a otro. Su pequeña mente aún buscaba explicación a aquella semejanza.

Di las gracias a Adahy e intenté darlas también a su madre, pero esta, de nuevo, nos daba la espalda continuando con lo que estaba haciendo justo antes de que llegásemos.

Entregué a mi hermano una de las pulseras y descubrí su significado, sobre un hilo de cuero tres hermosas bolas con los colores del fuego eterno brillaban de una manera especial.

Aquel regalo selló mi admiración eterna hacia Wakanda, sentí que el fuego ya siempre estaría conmigo y, al mismo tiempo, que pasarían años hasta que volviera a visitarla.

## CAPÍTULO 19

# La vida continúa, siempre ha sido y siempre será así...

*"El gran secreto del éxito es pasar por la vida como si nunca se hubiera conseguido nada".*

Albert Schweitzer

Caminamos por Central Park durante unos diez minutos sin decirnos nada. Ángel avanzaba mirando y tocando las bolas de su pulsera en su mano derecha, yo decidí ponérmela en mi muñeca, siempre podría tener presente la simbología del fuego y los tres colores en que se tornaba cada vez que consumían algunos de los papeles que le entregamos. Primero el azul del SER, de lo que realmente viniste a ser, luego el rojo del DESEO, de aquello que anhelas, que quieres alcanzar, y, por último, el verde del PUEDO, el color con que termina la llama del fuego eterno, el color de tu poder, de tu empoderamiento, de tu éxito.

Ángel rompió el silencio de nuestros pasos.

—Toni, ¿de dónde ha salido esta mujer?

Comencé a reír, mi hermano me preguntaba en un tono inocente y curioso al mismo tiempo.

—Tía Lui conoció a su madre, la que al parecer le manda los mensajes que ella transmite.

—Me ha encantado conocerla, ahora comprendo todo lo que me contabas, su lenguaje en clave, sus palabras llenas de fuerza y emoción. Me pregunto cómo vivirá, y de qué, no ha aceptado tu dinero.

—Todo en ella es un misterio, es eso lo que la hace especial, desde su historia y su porqué, hasta la capacidad sobrenatural de predecir el futuro o conocer a las personas. El pergamino que te ha dado lo comenzó a escribir delante de mí y de Tía Lui cuando estuvimos con ella la última vez. Ya verás cuando se lo contemos a Lui, recuerdo que me dijo que era la primera vez que Wakanda le decía una fecha, y era justo la del día de hoy, supo entonces que vendríamos a visitarla en esa fecha, ¿puedes entenderlo?

—No, hermano, realmente es un ser muy especial... Wakanda.

Y tras esto y por primera vez después de muchas horas, un fuerte golpe de tos sobrevino a mi hermano, lo que nos hizo detener nuestra marcha por un momento. Ángel necesitó sentarse por unos minutos antes de continuar.

Al llegar a la entrada donde Robert debería esperarnos, decidí hacerle una llamada para poder localizarlo más rápidamente. Pero al coger mi teléfono me di cuenta de que ya él se había encargado de llamarnos en varias ocasiones y que tenía un par de mensajes suyos.

"Voy al hotel, llegan Rosa y Lui, os espero allí".

"No tardéis, vamos a intentar que Tía Lui cambie la opinión de tu hermano y lo llevemos al hospital".

La decisión de Robert era muy arriesgada, pero la ocasión no era para menos, sería él el encargado de decir a Tía Lui y Rosa la situación en que se encontraba Ángel y, lo más importante, cuál había sido su elección ante un posible tratamiento.

Pensé que debía poner en situación a Ángel, pero durante gran parte del trayecto no me lo permitió y aprovechó para dejarme una de sus enseñanzas de cara a mi proyecto emprendedor:

—Pienso que Wakanda sigue ahí en un rincón perdido del parque porque de otra forma no sería ella. De otro modo, incluso, su actividad, su profesión o como quiera llamarle a esto que hace, correría peligro, porque hay mucha gente que huye de este tipo de cosas, fíjate Robert, pero hay otras que, además, no respetan y se burlan o hacen daño a quien lo defiende y practica.

»El negocio de Wakanda no requiere publicidad ni *marketing*, solo con la mejor de las campañas de *marketing*, la del boca-oreja, ella es capaz de tratar a muchas personas al cabo del día y no quiere más, no le interesa, porque de usar un mínimo de publicidad las colas llegarían a las puertas de Central Park.

—Sí, pero no sería ella, no podría actuar igual y, lo más importante, acabarían echándola del parque o quién sabe si, incluso, apagándole el fuego —afirmé yo apoyando su opinión.

—Hermano, tú en tu escuela procura, sobre todo al principio, que todos hablen muy bien de lo que haces, porque será esta tu principal fuente de publicidad. Pero no olvides que, si no estás expuesto, no existes, si no estás donde tus clientes, estos no irán a tus clases, no harán negocio contigo. Así que dedica una parte de tus ingresos a publicidad, hazlo así de manera sistemática, y si tus beneficios llegan a aumentar, aumenta ese porcentaje para mejores y más numerosas campañas. Los pequeños y medianos empresarios, como norma general, infravaloran el poder de una buena campaña de *marketing*, de una publicidad bien enfocada.

»No te imaginas la cantidad de dinero que invertimos al mes en promociones y campañas para llegar a nuestros clientes, es la única forma de continuar creciendo en los negocios.

Y de nuevo un fuerte golpe de tos nos recordó que realmente Ángel se estaba apagando poco a poco.

—Ángel, ya han llegado Tía Lui y Rosa.

—¡Genial! —Su alegre respuesta cambió radicalmente cuando le conté nuestros planes.

—Hemos pensado que Robert les cuente la verdad y que tras hablar con Tía Lui tomes una decisión definitiva, por favor, danos la oportunidad de hablar con Tía Lui.

—Sé que habéis actuado desde el corazón y no desde vuestra mente, por eso me parece correcto todo lo que hagáis, hermano, pero debéis comprenderme a mí también, ha sido mi decisión, ya te he dicho por qué lo hago y no podréis hacerme cambiar de opinión.

—Wakanda te dijo que aún no era tu momento, hazle caso a ella al menos.

—No es así, Toni —continuó mi hermano mucho más tranquilo que yo en su manera de expresarse—, recuerdo perfectamente sus palabras, dijo: "sigue tu proceso", y es lo que estoy haciendo. —Y tras esto un fuerte golpe de tos de nuevo le dejó sin habla. Esta vez en su rostro vi algo que no había observado hasta ahora. Al apartar el pañuelo sobre el que había tosido y observar algo que al parecer había expulsado cambió la expresión de su cara.

—¿Qué ha pasado, Ángel? Has expulsado sangre.

—Creí recordar que ese era uno de los síntomas del

cáncer de pulmón, luego descubrí que eso no era más que el principio.

—No, estoy bien, solo ha sido algo de mucosidad.

Le miré a los ojos y descubrí todo el amor que había en su mirada, la pureza de su alma expresada en una sonrisa llena de ternura y dolor, y no pude más que abrazarle, decirle lo mucho que le quería y darle las gracias por todo lo que había hecho por mí.

—Gracias a ti por tu comprensión, ahora es lo único que necesito.

—Estaré a tu lado siempre, apoyándote en lo que decidas, por mucho dolor que me cause la opción elegida, yo siempre estaré junto a ti.

Y entre pequeños golpes de tos, historias de clientes estadounidenses que había tenido Ángel y, por primera vez, ciertas dolencias en sus caderas, llegamos a nuestro hotel, donde nos esperaban Robert, Rosa y Tía Lui.

***

Mientras nos acercábamos a la cafetería del hotel donde nos esperaban, Ángel me dijo que le gustaría salir a pasear y que cenáramos esa noche todos juntos, disfrutar de la ciudad y de la hermosa compañía. Sentía que si Wakanda había elegido esa fecha en su carta debía deberse a algo.

Le prometí que así sería, y su intuición no fue errónea.

Jamás podré olvidar la fecha escrita. Fue el día que disfrutamos de Nueva York en familia, como siempre había deseado, como pocas veces habíamos hecho, el día en que mi vida tomó un nuevo rumbo y comencé un viaje de crecimiento e ilusionante destino. Pero también fue el día en el que Ángel selló su decisión de manera definitiva.

En la cafetería del hotel nuevamente las lágrimas se mezclaron con las risas y los abrazos. Fue un acierto que Robert adelantara la situación a Tía Lui y Rosa, ya que, de este modo, la conversación se volcó directamente en la propuesta que Ángel esperaba y que sabía perfectamente cómo gestionar.

—Os comprendo, pero debéis aceptar y comprender mi decisión. Mi tiempo aquí se está acabando, no hay más, todos acabaremos nuestros días más tarde o más temprano, y yo siento que ya terminé mi camino, hice lo que vine a hacer. Durante muchos años he disfrutado de una vida de salud, prosperidad y abundancia, y por desgracia muchas personas jamás lograrán ni la mitad de los momentos de felicidad y plenitud de los que yo he gozado, no puedo reprochar nada a Dios, solo ser agradecido.

»Existen unas reglas en este juego de la vida, y yo también debo cumplirlas, no conocéis el vacío interior que la marcha de María dejó en mí, no he sido capaz de llenarlo, y cada día muchos de mis pensamientos siguen siendo hacia ella. Y ese recuerdo, ese amor que llena de dolor mi pecho, siempre supe que tendría unas consecuencias, que llamaría a mi puerta cuando el camino ya estuviera casi andado, cuando cumpliera mi misión y sintiera haber contribuido con mi legado. Y con la vuelta de Ángel, con la hermosa vida que se le plantea llena de éxitos, mi partida llega a su fin. No lo he decidido yo, pero tampoco voy a luchar por evitarlo, porque no tengo fuerzas para empezar una nueva guerra, porque ya sé cuál será el precio y, como ya os he dicho —y concluyó mirándome a mí y a Robert—, entregándolo todo, me robó una vida y media, ahora, que no me siento con fuerzas, la batalla está perdida incluso antes de empezar. Disfrutemos de lo que aún podamos, vivamos el momento, ¡AHORA más que nunca!

Nadie pudo hablar, nadie respondió a sus dolorosas palabras. Todos llorábamos llenos de pena e impotencia. Tía Lui fue la primera en levantarse y abrazar a Ángel, Robert lo hizo después, pero para marcharse. Su llanto se escuchaba en toda la sala, nadie pudo evitar observar sus pasos. Nuevamente, aquel gigantón lloraba como un niño desconsolado. Comprendí su inmenso dolor, ahora era a él a quien venían a robarle media vida.

—Por favor, me gustaría que disfrutáramos de esta noche y de los días o meses, o quién sabe si años, que nos queden por vivir, y no los desperdiciemos entre quejas y llantos. Salgamos y vivamos al máximo la noche de Nueva York, aún no he subido al Empire State de noche, y ya hace años que no voy a un musical, sé que a Robert le encanta, podremos ir en estos días. Voy a llamar a un viejo amigo, iremos a comer la mejor hamburguesa neoyorkina a un restaurante español, os sorprenderá cuando descubráis de dónde son los propietarios y cuántos premios han conseguido.

***

Era tarde, Tía Lui y Rosa hicieron un gran esfuerzo, estaban muy cansadas por el efecto del cambio de horario, su ritmo biológico les decía que eran las dos de la mañana, pero nuestro reloj, tan solo las ocho de la noche.

Aun así, decidimos salir. Sería yo el encargado de recuperar a Robert y hacerle comprender la situación mientras ellos tres marchaban hacia el restaurante.

Fue duro tratar con Robert. No podía contener las lágrimas, se le hacía incomprensible la decisión de Ángel. Ambos lucharon codo a codo por la vida de María y consiguieron plazos en el tiempo, consiguieron meses de vida; ahora no podía comprender cómo él tiraba la toalla en el primer asalto.

Accedió a salir a cenar, no por estar con Ángel, sino por respeto a Rosa y Tía Lui, habían hecho un largo viaje y no se lo merecían, pero la posición de mi hermano seguía pareciéndole egoísta. No pensaba en aquellos que aún esperaban tanto de él, en tantas personas a las que ayudaba y tantos cuanto lo queríamos.

Tuvimos una larga conversación que nos llevó hasta la puerta del restaurante, conseguí hacerle ver que era lo que Ángel necesitaba en aquel momento y que esa misma noche deberían mantener una conversación a solas, los dos, donde expresara todo lo que sentía de forma tranquila a mi hermano.

Por un momento, me vi dando consejos a Robert, ayudando a tomar acción a mi mentor, y comprendí ahí cuánto había aprendido en este breve periodo de tiempo, cuánto me habían enseñado esas dos almas, las mismas que aquella noche, entre risas y lágrimas, alcanzaron un pacto y vieron cómo el sol ocultaba las estrellas de Nueva York.

Entramos en el restaurante tras darnos un fuerte abrazo, prometiéndonos que allí dentro no soltaríamos ni una lágrima, y si lo hacíamos, sería de alegría, como en tantas ocasiones nos había ocurrido.

Nos estaban esperando en uno de los salones adornado al más puro estilo norteamericano, pero con una gran peculiaridad, la bandera que colgaba en la pared era la española.

Durante la cena poco a poco fuimos volviendo al tono habitual de nuestras reuniones e incluso al volumen de nuestras charlas, sobre todo, cuando Robert descubrió lonchas de jamón ibérico sobre su hamburguesa. Unos aplausos que casi pudieron oírse desde fuera del local hicieron que la gran mayoría de los clientes que compartían sala rieran a carcajadas y le acompañaran en su ovación. Aunque en ese momento lo tuviese totalmente destrozado, nada podía hacerle cambiar su corazón de niño.

En un momento de la cena, tras un breve silencio en la mesa, Rosa tomó mi mano y pidió que todos la escucháramos.

—Tengo que deciros algo que, sinceramente, no pensaba contároslo frente a una hamburguesa. —Y mirándome a los ojos apretó mi mano sonriendo—. Desde hace un par de días, y especialmente durante el vuelo, había planeado decíroslo de muy diversas formas, pero jamás imaginé que os lo contaría de este modo, bajo estas circunstancias, ahora comprendo que así debía ser.

»Es un honor poder compartir la alegría de esta noticia con vosotros, que tanto nos habéis ayudado y tanto habéis hecho por Toni, que por supuesto tampoco sabe nada. —Y entonces mirándome a los ojos, y con una hermosa sonrisa en sus labios, compartió con todos la mejor de las noticias—: Estoy embarazada.

Y ahora sí, nuestra mesa fue el centro de atención de todo el restaurante, Robert se encargó de explicar a todos el porqué de nuestras muestras de cariño y de nuevo una gran ovación del resto del restaurante hizo que se me llenaran los ojos de lágrimas, sonreí mirando a Robert, eran de alegría.

Ángel llamó mi atención y sin hablar señaló su pulsera, sonreímos, aún no eran las doce en mi reloj, ambos sabíamos que Wakanda había acertado en cada una de sus palabras. Lágrimas de emoción volvieron a bañar mis mejillas.

205

## CAPÍTULO 20

# Si el final no te gusta, decide que ese no es el final y continúa...

> *"Naciste con alas. ¿Por qué prefieres gatear por la vida?"*.
>
> **Poeta Rumi**

Fueron días cargados de felicidad y alegría los que vivimos en Nueva York. Decidimos no salir de la gran manzana y exprimir al máximo todas sus posibilidades, Ángel no quería realizar desplazamientos largos. Gracias al tratamiento, los dolores no fueron en aumento, pero los ataques de tos fueron más repetitivos, por lo que tras una semana decidimos volver a Sitges y, entonces, el hospital volvió a ocupar protagonismo en la vida de aquel pirata con pata de palo.

No pudo evitarlo, volvió a vestirse y actuar para los más pequeños, decidió ser él uno de los payasos a los que desde hacía años tenía contratados para que diariamente actuaran en aquella planta de oncología infantil. Y por primera vez, los niños pudieron ver al artífice de todo aquello, a quien había hecho posible que esa planta fuese una de las que más premios había conseguido y más veces había salido en revistas especializadas mostrándola como el modelo a seguir en la atención y el tratamiento de niños hospitalizados.

Pero un día dejó de actuar, se tumbó en la cama de su habitación y comenzó a apagar su luz...
Como siempre hace, en la dureza de su victoria, el cáncer lo fue consumiendo. Fue dejándolo sin aire y él, poco a poco, fue sintiéndose cada día más cerca de las nubes y más lejos de las olas.

Algunos días antes de su muerte, mantuvimos una hermosa conversación...

—Lo siento, hermano, siento haber hecho tan breve nuestro encuentro. Pero al menos he podido ver al Toni que siempre quise tener a mi lado, y Tía Lui sabe que recuperamos a su niño perdido. Ahora es tu turno, continúa tú llevando al mundo todo lo que aprendimos gracias a la carta, gracias a papá y a mamá. A tu negocio, hazlo grande, llévalo a lo más alto si así lo deseas, pero, sobre todo, disfruta, hermano, recuerda que debe ser divertido, y si algún día dejara de serlo, cambia, la vida es demasiado breve como para vivirla sin risas. —Y apretó mi mano sonriendo, entregando en este gesto la poca energía que le mantenía con vida.

—Así lo haré. Gracias a ti, a cuanto has hecho por mí, a tu legado, podré enseñar a mi hijo todo lo que aprendí.

»Ya hemos elegido nombre, se llamará Ángel, y estoy seguro de que, como tú, su alma pertenecerá al mar, y tú serás parte de él y él será parte de ti, hermano, porque cuando crezca le diré que tuvo un tío que salvó la vida de su padre y que permitió la suya propia, tuvo un tío que, con tan solo una pierna y media vida, ayudó a miles de personas con sus actos, sus palabras, con su amor...

Ángel sonreía y volvió a hablarme con un hilo de voz.

—Cuánto me alegro, hermano, otro Ángel Peñalosa en la familia, gracias, ese chico llegará lejos... y pertenecerá al mar. —Y cerrando los ojos sonrió, guardó silencio y con una gran sonrisa en sus labios me preguntó—: ¿Volverás a ver a Wakanda? Si algún día vuelves, pregúntale por mí... Quizás allí conozca a su madre. —Y mientras él sonreía con las pocas fuerzas que aún le quedaban, a mí me ahogaba la pena y me dejaba sin habla. Le había prometido no llorar más, no derramar más lágrimas por su partida, pero en ocasiones se me hacía imposible, se estaba marchando poco a poco, pero él quería que siguiéramos riendo...

Un día su voz se apagó para siempre y, misteriosamente, con una sonrisa en los labios, cuando los médicos aseguraban que debía estar lleno de dolor, puso fin a su partida y se retiró del tablero de juego, como él mismo me dijo que haría semanas atrás.

—Hermano, pronto me saldré de la partida, lo sabes, he llegado al final y me gustaría que el día que suceda tú leas esto en mi nombre. Es algo que escribí hace tiempo, lo hice desde el corazón, desde lo más profundo de mi ser, por eso me gustaría que esas fueran las palabras con las que todos me recordarais ese día, y que tú fueras quien las leyera, ¿lo harás?...

Y allí estaba yo, frente a cientos de personas, junto al féretro de aquel que cambió mi vida para siempre, leyendo la carta que él mismo había firmado un veintitrés de agosto de dos mil veinticinco.

*El comienzo...*

Allá, en las nubes, me esperan ellas y allí os esperaré yo, mientras tanto disfrutad de la partida, como yo lo hice.

Disfrutad mientras os lo permita, y cuando la tirada no sea la que deseabais, cuando la mala racha os sorprenda, disfrutadla también, sabiendo que es justo lo que necesitáis aprender para continuar avanzando en el tablero de la vida.

Hoy quizás sea un día triste para vosotros, podéis aceptarlo así, pero mañana, en un rato, tendrá que dejar de serlo. Asimilad que para mí no es un día triste, sino simplemente un momento de cambio, y ya sabéis lo que significa el cambio para mí.

Porque hoy para muchos de vosotros comienza una nueva etapa, una nueva forma de jugar la partida. Ya sabéis que cada uno de nosotros viene a jugar la suya propia, y aunque por momentos compartamos parte del viaje por el tablero de la vida, cada una de ellas es distinta; elegimos venir a jugar para aprender aquello que necesitábamos, para realizar nuestra misión principal, y como sabéis la mía ya ha sido realizada, mis dados me llevaron a la última casilla y no quise hacer trampas, lo acepté, porque sabía que debía ser así.

La vida no suele errar en el resultado de tu tirada de dados, más bien somos nosotros los que en nuestro afán por ganar no distinguimos una buena tirada de una mala y queriendo siempre sacar el número que necesitamos no nos damos cuenta de que si no hubiésemos estado dos tiradas fuera, perdido nuestra primera o segunda apuesta o, en ocasiones, hasta todo lo apostado, hubiéramos sido otros totalmente distintos, ni mejores ni peores, otros, y nuestra misión no hubiera sido la nuestra, nuestra jugada no nos hubiera pertenecido.

Por eso, amigo, tú que aún estás en el juego, disfruta de la partida sabiendo que tu tirada es la mejor, es la que te ha tocado, la que viniste a jugar, no intentes hacer trampas ni coger atajos, porque entonces ya no será la tuya y de este modo nunca alcanzarás aquello que tu alma eligió antes de bajar de las nubes... convirtiéndola en un alma triste, convirtiéndote en una triste alma.

Disfruta, vive al máximo cada momento, elige ver el lado positivo y siempre lo hallarás y, lo mejor de todo, descubrirás que cada vez más será él quien te hallará a ti.

¡VIVE! Y recuerda, la vida espera tu sonrisa,
ella siempre la tiene lista para ti,
SONRÍE.

# FIN

Querido lector, has llegado al final de esta Trilogía del Éxito. Gracias, muchísimas gracias por haber confiado tu lectura a mi historia de transformación, ahora solo te pido que confíes en cada una de las lecciones que aquí se exponen, en cada una de las enseñanzas de los distintos mentores que has conocido. Te aseguro que no te arrepentirás, porque detrás de esta historia de ficción, detrás de las vidas de Toni, Ángel, Rosa... y cada uno de los personajes que has conocido, existe mucha verdad. Toda la que demuestran otras personas de éxito, que vivieron y viven realmente, y a las que yo estudié durante años antes de llegar hasta aquí.

No podría escribir el nombre de cada uno de los libros que me llenaron de inspiración y me hicieron crecer hasta quien hoy soy, que me enseñaron a transmitir cuanto aprendí de sus manos y, luego, con las mías, puse en marcha hasta lograr una vida de éxito, pero sí puedo escribir el nombre de sus autores, de aquellos que cambiaron mi vida. Quizás también puedan inspirarte a ti...

A todos ellos te los presento ahora, en estas últimas páginas de la trilogía, ellos no son personajes de ficción, al igual que yo transformaron sus vidas gracias a muchas de las nociones que has podido aprender en estas casi mil páginas de fantasía y realidad.

Escúchalos, cada uno jugó e incluso juega una partida de éxito, atrévete tú también a aplicar las reglas, atrévete a alcanzar el éxito al que estás destinado, te está esperando, no esperes a tener la tirada perfecta, comienza hoy a creer en ti, a caminar hacia la vida que te mereces, una vida de éxito.

Sueño con que algún día mi nombre también esté en tu lista, la de aquellos que te ayudaron a alcanzar la vida que sueñas...

...te espero en el éxito.

## Mensajeros del éxito...

Lain García Calvo

Tony Robbins

Jim Rohn

Napoleon Hill

Zig Ziglar

Sergio Fernández

Brian Tracy

Robin Sharma

T. Harv Eker

Jack Canfield

Paulo Coelho

Pepa Bermúdez

Louise Hay

Teresa de Calcuta

Robert Kiyosaki

Madre Mazzarello

Jesús de Nazaret

Mark Víctor Hansen

Og Mandino

Benjamin Franklin

Raimón Samsó
Miguel Ángel Cornejo
Stephen Covey
Bob Proctor
Bernabé Tierno
Dale Carnegie
Leni Álvarez
Don Bosco
John C. Maxwell
Wayne Dyer
Clement Stone
Deepak Chopra
Donald Miller
Eckhart Tolle
James Allen
Viktor Frankl
Rhonda Byrne
Wallace D. Wattles
Brendon Burchard
Norman Vincent Peale
Albert Espinosa
George S. Clason
Esther Hicks
Michael E. Gerber
Guy Kawasaki

# *Cómo continuar tu camino hacia una vida de éxito...*

Si te ha gustado La Trilogía del Éxito y quieres CONTINUAR profundizando en los principios que recoge y avanzar en tu aprendizaje de vida y crecimiento personal, descubre mucho más en: www.cristobalperez.es

Y si quieres tener una SESIÓN DE COACHING PARA EL ÉXITO conmigo, sube a Facebook o Instagram una foto o vídeo de ti junto a uno de los libros de la trilogía, realiza un pequeño comentario de valoración y envíame tu solicitud a:

cristobalperezbernal@gmail.com

Concertaremos una sesión de coaching online donde podremos dialogar sobre aquellos aspectos de tu vida que desees mejorar...

Te mereces una vida de éxito, si aún no la has alcanzado estás a tiempo de cambiar tu programación y lograr la vida que deseas.

Quizás tu pasado no fue lo que esperabas, probablemente tu futuro no sea prometedor, pero eso no debe preocuparte, porque tu cambio comienza hoy, el ahora es lo que importa, tu presente cambiará tu futuro...

**PROGRÁMATE PARA EL ÉXITO,
AHORA ES TU MOMENTO.**

*www.cristobalperez.es*

# Índice

El final.... ........................................... 11

**CAPÍTULO 1**
Una vida comienza................................. 15

**CAPÍTULO 2**
Cambiar para crecer... ........................... 23

**CAPÍTULO 3**
La búsqueda del porqué... ...................... 29

**CAPÍTULO 4**
No todo es tan fácil como parece... ........ 37

**CAPÍTULO 5**
El cuadrante empresarial......................... 43

**CAPÍTULO 6**
Donde Toni comienza mal... .................... 49

**CAPÍTULO 7**
La misión ................................................. 57

**CAPÍTULO 8**
La pasión... .............................................. 67

**CAPÍTULO 9**

Liderazgo .................................................. 79

**CAPÍTULO 10**
Equipo ..................................................... 95

**CAPÍTULO 11**
Una forma de empezar ............................. 107

**CAPÍTULO 12**
Todo cambia si tú cambias... ..................... 119

**CAPÍTULO 13**
Análisis, no parálisis ................................. 129

**CAPÍTULO 14**
Todo final tiene su comienzo... .................. 137

**CAPÍTULO 15**
Los ángeles siempre tuvieron alas ............ 145

**CAPÍTULO 16**
Siempre hay una razón para reír, siempre hay una razón para dar gracias. ........................... 153

**CAPÍTULO 17**
A veces, un giro inesperado te acerca al milagro que esperabas ............................. 159

**CAPÍTULO 18**
Sé arco, sé flecha .................................... 165

**CAPÍTULO 19**
La vida continúa, siempre ha sido y siempre será así ...... 173

**CAPÍTULO 20**
Si el final no te gusta, decide que ese no es el final y continúa... .................................... 181

El comienzo... .......................................... 185

www.ingramcontent.com/pod-product-compliance
Lightning Source LLC
Chambersburg PA
CBHW032251150426
43195CB00008BA/408